JN207658

現代社会に絶対必要な能力の
鍛え方・磨き方

ユーモア力《りょく》

齋藤孝

山と溪谷社

はじめに
「ユーモア力」を人生の武器にする

本書のテーマは〝ユーモア〟です。

ユーモアには「ユーモア力」と名づけたいほどの力があります。私は、**ちょっと息苦しい今の時代にこそ、世の中のすべての人々にユーモアが必要だ**と感じています。

ユーモアは、人々をつなぎ、息苦しい現実に対処する力を育むだけでなく、希望や前向きなエネルギーを生む源泉です。そして、日々の困難や摩擦を和らげ、お互いにポジティブなエネルギーを共有するのが、ユーモアあふれる社会だと思います。

「ユーモア力」は、どんな困難な時代をも生き抜く完全無欠の武器なのです。

しかし今、ユーモアの大切さを意識している人がどれだけいるでしょうか――。

多くの人が積極的にユーモアにチャレンジしていかなければ、当然のごとく社会は暗くなります。

「日本人はユーモアに乏しい」という指摘をよく耳にしますが、それはちょっと違います。欧米人とはユーモアの形や表現が異なるためにそう見えるだけです。

江戸時代の人々は、言葉遊びや駄洒落《だじゃれ》、謎かけなど、言葉の音や意味を巧みに操って笑いを誘っていました。かなりチャレンジしていたわけです。滑稽本《こっけいぼん》『東海道中膝栗毛《とうかいどうちゅうひざくりげ》』を読むだけで、当時の人々のユーモアのレベルの高さがうかがえます。

現代の日本人も笑いに対してなかなか積極的です。お笑い芸人がいろいろなメディアで笑いを振りまいていますし、一般の人たちもSNSなどで驚くほど面白いコメントや画像を披露しています。今の時代もユーモアや明るさを求める気持ちが非常に強いと感じています。

ところが、学校や職場、趣味のサークルなど一般の場でユーモアを言うことには、日本人の多くが苦手意識を持っているようです。

「自分の発言で場がシラケてしまったら」「不適切なユーモアで相手に不快感を与えてしまったら」「場の空気を壊してしまったら」「周囲から注目を浴びたくない」などの理由からでしょうか、人前でユーモアを言うことのハードルを上げているようです。

そこで、**一般社会に笑いの文化を根づかせ、日本をユーモアが繁茂する百花繚乱の**

国にしていきたいというのが、私が本書を著す狙いです。

●常に場を明るく保つ力が必要だ

私は、**場を明るくするために努力しない人は怠惰である**とさえ思っています。

なかでも、場の中心であるリーダーには、場を明るく保つ能力が必須であると思っています。

かつて、成果を上げるためには、叱りとばしてでも結果を出させるリーダーがいました。しかし今の時代は、場をイヤな雰囲気にして結果を出させるということ自体が手法として許されません。それではパワハラになってしまいます。さらに言えば、叱られて「なにクソ」と奮起して結果を出すようなメンタリティーは、すでに今の人たちにはほとんどありません。

メンタリティー、つまり心のあり方が変化したので、ネガティブな気分にしてパワーを発揮させることはできません。ですから、**場を常に明るく前向きに保っていけるのがリーダーシップである**と、私は考えています。

今の時代には、常に場を明るく保つ力が必要です。それこそが「ユーモア力」です。

私が大学で教えているのは、将来、教師になる学生たちです。教師というのは学びの場をリードしていく人間ですから、生徒たちに常に学ぶ気持ちになってもらわなければなりません。

いかに場を活性化させるか、いかに場を自由な空気にさせるかを考えれば、「ユーモア力」が必要不可欠です。ユーモア力がある教師とない教師ならば、ある教師のほうが圧倒的に教育力が高いといえます。

私が大学で教えている学生は、真面目で着実なところに関してはすでにベースがありますので、集団としての明るさをしっかりと演出し、学生の前向きな気持ちを維持するために、授業では「ユーモア力」を高める練習を毎回行っています。

教え子たちが中学・高校の教師になったとき、自分が受けもつ生徒たちをやる気にさせる技量を身につけてもらいたいということです。

今、私がやっているのは教科内容をコントにする授業です。私は〝ユーモア力の育成〟をシステマティックに教育のなかに採り入れてきました。

くわしくは第2章でお話ししますが、国語の教師を目指しているクラスの授業なら、たとえば「ショートコント論語」というものを即座につくってもらいます。各人がそれぞれ『論語』のなかから「吾《われ》十有五にして学に志す　三十にして立つ　四十にして惑わず」というような言葉を選び、それを三人一組でショートコントにして、みんなの前で演じてもらいます。それは少人数のゼミ教室だけでなく、１００人の教室でもやることがあります。

学生たちは「本当にコントやるの⁉」と驚くのですが、コントをつくり、三人一組で上演していくうちに表現力もつき、自分たちが演じたことは二度と忘れません。

コントにするためには高度な知性が必要になります。コントには、ゆっくり考えて練り上げられた脚本のような物語性もあり、その場での機転も必要です。このような訓練を積んでいくと、何でもコント化できるようになります。

いずれにしても、**今の時代の笑いには知性が必要**です。

昭和のベタな笑いは、そこまで知性がなくてもみんなが笑ってくれたわけですが、令和の時代は非常に厳しい条件がいくつもあります。

ここで言う「知性」とは、教養だけではなく、さまざまなハラスメントを避ける知性です。いくつも落とし穴がある危険が多い道を上手に走り抜ける運動神経と経験値が必要とされることで、令和のユーモアは昭和のユーモアとはまったく違う高度なレベルに達しています。

●笑うことは、褒めること

学校や職場、趣味のサークルなど一般の場に笑いを提供する人に対して、私たちは、お笑い芸人の話を聞くような態度になってはいけません。

お笑い芸人はプロですから、その話が面白かったら笑う、面白くなかったら笑わない、これが当たり前です。しかし一般の場で誰かが笑いをとろうとして、たとえスベっても、お笑い芸人として生きているわけではありませんから、周囲の人はムスッとしてはいけないのです。

一般社会において面白いことを言うのはある種のチャレンジです。

それはまず、スベるかもしれないリスクを負っています。さらに今はハラスメントになるかもしれないリスクも負っているわけです。そうしたリスクを冒してでも場を明るくしようと果敢にチャレンジしている人に対して、さほど面白くないから笑わないというのは、ユーモアの芽を摘むことになります。

あえて笑いをとろうという勇気ある行為に対して支援しない、しかも自分は面白いことを言わない。そんな**ユーモアの芽を摘んでいくだけの人間が、日本の社会をだんだん息苦しくしていく**のです。

面白いと思ってSNSに上げたのに「ぜんぜん面白くない」という書き込みがたくさんあると、気持ちが萎えてしまいます。そうして誰もチャレンジしなくなります。チャレンジする人間が少なくなれば、ユーモアの文化も廃れていきます。

そこで大切なことは、ちょっとしたことでも笑う練習です。**まず笑って、チャレンジを褒めることです。**

笑うことは、褒めることです。私の授業では、ショートコントが終わったらスタンディングオベーションをすることになっています。どんなコントをやっても、スタンディングオベーションで必ず盛り上げてもらえる。スベることがないわけです。

セーフティネット（安全網）があるから空中ブランコもできます。笑いがセーフティネットになってくれるからチャレンジができます。

自由な空気が発想力を育てます。

学生たちを相手にしたときに「何でも自由にやってくださいね」と言うだけでは自由になりません。**笑いがちゃんと受け止められる空気があって、初めて自由に何でもできるようになります。**

「ユーモア力」とは技《わざ》です。

持って生まれた才能や能力に左右されるものではなく、技術を身につければ、どのようなシチュエーションにおいても、誰もがユーモアを発揮することができます。

本書では、社会的コミュニケーションツールとしてのユーモアの魅力や効用、ユーモア・センスの育て方、すぐに使えるユーモア会話術など、具体例を交えながらお話しします。巻末にはユーモアのヒントを掲載していますので、お役立てください。

ぜひ、「ユーモア力」を人生における最強の武器にしてください。

齋藤 孝

ユーモア力◎目次

第2章 ユーモア力はコミュ力だ

第3章 ユーモアの効果を知ろう

第4章 ユーモア力を育てるための心構え

第5章 すぐにできるユーモア力の育て方

第1章

日本人のユーモア力

01 ユーモアとは何か

●ユーモアとは周りを和ませる力

笑いには、いろいろなパターンがあります。

「高笑い」は、大声で声高く笑うこと。大勢がドッと笑うなら「爆笑」となります。あるいは、人を突き放すような「冷笑」、あざけり笑う「嘲笑」などもあります。

「失笑」は、相手の言動がバカバカしくて笑ってしまう意味に誤用されていますが、本来は、お葬式など笑ってはいけない厳粛な場面で笑ってしまうことをいいます。誤用の理由は、自分の愚かな言動を人から笑われることを「失笑を買う」というところから勘違いされているのだと思います。

「苦笑」は、すっきりしないけれども、なんだか笑ってしまう苦笑いのことですね。自分にイヤ味を言われて苦笑してしまうのは本当の笑いではありませんが、それも笑いのジャンルに入っています。

このようにいろいろな笑いがあるなかで、**あえて人を笑わせるのがユーモアです。**

一方で、自分が笑わせる意識をせずに、笑われている状態があります。

ビートたけしさんと番組でご一緒したときに、たけしさんは「芸人というのは笑わせなきゃいけない。笑われていちゃダメなんだ」とおっしゃっていました。

ユーモアというのはあえて笑わせるもので、「自力」が必要ということです。

ある程度教養があり、面白いことを言う角度、目の付けどころが安定していて、ユーモアが技《わざ》になっている、力になっている、その状態が「ユーモア力」だと思います。

いろいろなかたちで笑いは起きるわけですが、**ユーモア力として目指すところは安定して周りを和ませる力です。**

笑いのなかにはジョークもあります。**小話を持ちネタとして、それを言ったらみんなが笑う**というようなパーティー・ジョーク、あるいは、**ちょっとした切り返しで、プッと笑ってしまう**というものがジョークですね。

ユーチューブのある番組で、ＡＫＢ48の元メンバー福留光帆[*1]さんが、ラランド[*2]のニ

＊1 福留光帆《ふくとめみつほ》（タレント）　2003年生まれ。兵庫県出身。2019年10月～2022年7月、AKB48所属。2024年3月、ユーチューブ・チャンネル『佐久間宣行《さくまのぶゆき》のNOBROCK TV』で“令和の大喜利クイーン”としてブレイク。熱烈なボートレース・ファン。

シダさんをからかう企画がありました。

ニシダさんが自分のことを「周りのスタッフは笑ってくれてるんだよ」と言うと、それに対して福留さんが即座に「鼻でね」と切り返したのです。私は瞬間的に「鼻で笑う」に転換させた語彙《ごい》力に驚きました。「鼻でね」という言葉がスッと出るところが、ジョークの感覚の鋭さですね。

ちなみに、ラランドの公式ユーチューブの「もしも酒がコーラだったら」は、アルコール・ハラスメントを自覚させる力のある傑作です。

ウィットという笑いもあります。「ウィットに富んだ」という表現で、知的な刺激がある、角度がついていて面白い、ひらめきがあるといったような、切れ味が鋭くセンスがいい場合に使われます。

ジョークやウィットにくらべ、ユーモアはもうちょっとじんわりして、ほのぼの感のあるものといえるでしょう。**ユーモアには、教養を裏付けにした笑いの要素が必要です。**

*2 ラランド(お笑いコンビ)　サーヤ(ボケ)1995年生まれ。東京都出身。ニシダ(ツッコミ)1994年生まれ。山口県出身。2014年、上智大学お笑いサークルで出会う。「M-1グランプリ2019・2020」準決勝連続進出。

● なぜ、日本人はユーモアがないと言われるのか

日本人はユーモアがないと言われますが、それは必ずしも事実ではありません。**日本人は、日常会話において気の利いたことをちょっと言おうという意思が足りない**のだと思います。お笑い芸人はたくさんいますが、日常ではそもそも、笑いにチャレンジしている人の割合が少ない。一般人の心構えとして、**笑いが起きるようなことを言おうと常に準備している人の割合が少ない**ということです。

欧米人には、とりあえずジョークを言って打ち解ける習慣があります。私は外国人経営者と話すことがよくありますが、会話が始まって30秒もしないうちに笑いあっています。

ちなみに、アメリカンジョークはストレートで軽い感じですが、イギリスのジョークは皮肉が効いて、敬語的な上品な表現で下品なことを言うような伝統があります。

話題はそれほど面白くなくていい。**私が出会った外国人経営者は、初対面でも、「あなたのマッスル（筋肉）がいいね」と言いながら私の筋肉を叩き、私も彼の筋肉を叩いて笑いあいました。**そんなオープンさに対して、日本人は恥ずかしがりで遠慮気味

になってしまうことが多い。

さらに、日本人はスピーチ慣れしていません。

スピーチではやはり、ジョークが必要です。福澤諭吉はスピーチに「演説」という言葉をあてました。**日本人は笑いを入れたスピーチを用意して話す習慣がなかった**から、これからはその練習をしなければいけないということで、慶應義塾大学に「三田演説館」という演説講堂を建てたくらいです。

それにくらべ、ヨーロッパには聴衆を楽しませるスピーチの伝統があります。2400年前のプラトンの『饗宴』という本には、登場人物が順々に愛の神エロースをたたえる演説をして面白いことを言って、みんなが楽しむ様子が描かれています。日本では演説をしてみんなが笑うという関係性、あるいは場という文化がありませんでした。そのため、いまだに人前でスピーチをして笑いをとることに不得手な人が多いのでしょう。緊張してしまうこともありますが、スピーチの文化が成熟していなかったといえます。

一方で、日本人はお笑い芸人をはじめ、一般の人たちもSNSで面白いコメントを

*1『謝罪の王様』 2013年東宝映画。宮藤官九郎脚本、阿部サダヲ主演。架空の職業“謝罪師”を主人公に描く奇想天外ナンセンス・コメディ。土下座を超える究極の謝罪で日本を救う。ネット配信、DVD等。

言ったり演じたり、あふれるほどの笑いのアイデアがあります。それは、漫画や映画でも証明されています。

これだけ漫画文化が花開いている国はほかにありません。そもそも漫画は面白みを含んでいるものです。ギャグ漫画の多さも日本人は誇りを持っていい。諸外国の漫画は風刺漫画が多く、笑いの質が違います。

映画においても面白いものがたくさんあります。たとえば、クドカン（宮藤官九郎さん）脚本のコメディ映画『謝罪の王様』*1は、主演の阿部サダヲさんが土下座がうまいという役どころで、「謝る」というテーマで一本の映画をつくってしまいました。また、『超高速！参勤交代』*2というお笑いの傑作映画もありました。「参勤交代」を一つテーマにとってみても、バリエーションでどんどん笑える映画がつくれます。

このように日本のユーモア力は、プロの技術として発達し、それを味わう文化も成立しています。しかし、日常の挨拶やスピーチなどではとくに弱いという印象です。

必要なのは、**ユーモアを言う側と受け手側に、ユーモアが成立する関係性をつくっていく**ことです。

日常会話において笑いで人間関係を温めることを目的に、笑いにチャレンジをする

*2『超高速！参勤交代』　2014年松竹映画。土橋章宏脚本、佐々木蔵之介主演。日本アカデミー賞最優秀脚本賞。ブルーリボン賞。続編『超高速! 参勤交代 リターンズ』2016年公開。講談社文庫、ネット配信、ＤＶＤ等。

人の割合を増やしていく。そしてスピーチ慣れし、そのなかにジョークを入れていく。

これを可能にするためには、ユーモアを言う勇気をたたえる受け手側のマナーが重要です。どんなことでも笑ってくれるというリアクションがあれば、勇気を持ってジョークらしきことを言えます。そういう温かみのある関係性が重要です。

日本人は、リアクションする側にはすぐになれると私は思っています。意識するだけで変わります。

私の講演会では、最初にユーモアの受け手としてのリアクションを練習してもらいます。「今から四人一組になって、順々にちょっとしたジョークを言ってください。笑う練習ですので面白くないほうがいいくらいです」と言うと、会場全体が大笑いになります。これが私の挨拶代わりのジョークです。

02 日本の伝統的なユーモア文化

●取り戻したい日本人のユーモア感覚

日本では『古事記』の時代から笑いがありました。

たとえば、「天岩戸《あまのいわと》」の話です。

高天原《たかまがはら》で弟のスサノオが暴れたため、アマテラスが怒って天岩戸に閉じこもってしまいました。アマテラスは太陽神ですから高天原は暗闇に包まれ、困った神々はアマテラスに出てきてもらおうと、岩戸の前で宴会をやって盛り上がります。その中心ではアメノウズメが胸をはだけて踊り、八百万の神々がともに〝咲《わら》い〟ました。

アマテラスが気になって岩戸を少し開けると、力持ちのアメノタヂカラオが戸をこじあけてアマテラスを引っ張り出し、高天原に再び太陽の光が戻りました。

『古事記』の時代から宴会をやって踊って、ちょっとエロティックですけれども、みんなで爆笑しました。太陽が戻ったのも笑いがあったおかげというわけです。

ここからアメノウズメは芸能の神、アメノタヂカラオは相撲の神といわれます。

ちなみに「笑う」という漢字は、巫女が両手を上げて舞い踊る姿を表しています。そして「笑う」と「咲く」は同義語でした。笑って人の口元がほころぶ様子から、花びらが開くことを「咲く」というようになったとされています。

江戸時代を振り返ると、井原西鶴の浮世草子、落語や川柳、鶴屋南北の歌舞伎狂言などが笑うために書かれています。戯《たわむ》れの作品は「戯作《げさく》」といい、洒落本《しゃれぼん》、滑稽本《こっけいぼん》、談義本、人情本、読本などに大きく分けられます。そういうものが江戸中期から明治初期の文化の主流としてありました。

十返舎一九《じっぺんしゃいっく》の滑稽本『東海道中膝栗毛《とうかいどうちゅうひざくりげ》』が典型的ですが、**日本は笑いを文化として早くから認めて成熟させてきた**といえます。

落語一つとってみても、昔から笑いの文化がとても豊かだったことがわかります。

川柳も膨大な量があります。川柳は軽口の俳句ですが、松尾芭蕉が俳句を渋くしたのです。芭蕉以前は俳句でも諧謔《かいぎゃく》的で「かろみ」や「おかしみ」を追求していました。

芭蕉はワビ・サビの世界を五七五に入れて俳句を一つ格上げしましたが、それによって失われたものが単純な笑いです。爆笑するような句は、ちょっと下に見られるようになってしまったのが残念です。

日本人はユーモアの感覚がないどころか、すごくあるのだと自覚を持ちましょう。伝統的にユーモアの歴史が膨大にあるという厚みを感じつつ、現在のちょっぴり残念な状況を踏まえて、ユーモア力を育てていきたいものです。

●ハードルが低い江戸時代の笑い

私は小学校時代、静岡県の東海道の目の前に住んでいたこともあり、『東海道中膝栗毛』を愛読していました。そのなかに、手ぬぐいかと思ったらふんどしだった、みたいな笑いがあり、人を笑わせるなら何でもOKなんだなと思った覚えがあります。

江戸時代には日常会話でも「わかったよ」と言うときに「おっと合点《がってん》承知之助」と言ったり、「その手は桑名《くわな》の焼きハマグリ」「嘘を築地《つきじ》の御門跡《ごもんぜき》」「ありがたいなら芋虫はクジラ」「何か用か（七日八日）九日十日」という言葉遊びがありました。

私はそういう〝付け足し言葉〟を拙著『声に出して読みたい日本語』（草思社）に

掲載しました。その後、私が総合指導している『にほんごであそぼ』（NHK・Eテレ）でも取り上げました。『おっと合点承知之助』（ほるぷ出版）という絵本をつくったところ、ウケました。江戸時代の笑いはハードルが低いため、幼児の感覚にもフィットして子どもから大人までみんなが簡単に笑ってくれます。

●古典落語は人間の本質につながっている

ユーモアを磨くためには落語がとても効果的です。

「お茶がこわい」と言って終わる落語『まんじゅうこわい』は、オチ自体が笑いですが、ちょっととぼけた登場者もいい味を出しています。

バカ丁寧な言葉を使う育ちのいいお嬢さんがお嫁に来る落語『たらちね』は、彼女の言葉が庶民には通じない社会のなかのズレを笑い、落語『目黒のさんま』は、目黒でさんまがとれるわけではなく、たまたま殿様が目黒で食べたさんまが美味しかったというだけの話で、「さんまは目黒に限る」と言った殿様の勘違いを笑いにしています。

また、落語『子は鎹《かすがい》』では、「子どもは鎹みたいなもんだ」と言ったら、「ぶっちゃ、イヤじゃあ」と子どもが泣く。鎹というのはコの字形の釘のことで、打ちこんで木材をつなぎあわせる役目を持ちます。

あるいは、ケンカをしても最後は一緒に寝る夫婦。「だって、あったかいんだもん」というオチに、ほのぼのしたライトがあてられています。

古典落語はちゃんと人間が描けていて、しかも笑えます。その笑いも、バカバカしい笑いと、ほのぼのしてちょっと涙する笑いの2つを持っているわけです。それが落語の奥行きになっていて、落語を読めば必ず面白い人間になれるとは限りませんが、笑いに対して温かくなれる良さがあります。

私の高校時代の先生は、自分で録音した落語のカセットテープを国語の授業で聞かせてくれました。そして私は東京に出てきたころ、一人暮らしで寂しかったこともあって講談社の古典落語シリーズを全部読み、昭和の名人の古典落語のカセットをずっと聞いていました。今の時代はいろいろなかたちで聞くことができますし、「艶笑落語」というちょっとツヤっぽい落語や、「禁演落語」という戦時下にふさわしくないとしてGHQ（連合国総司令部）の命令によって演じることが禁じられた落語の本も出ています。

私がおすすめするのは、昭和の五代目古今亭志ん生師匠が得意にしていた『火焔太鼓』です。録音を繰り返し聞いていて大ファンですが、何遍聞いても飽きません。

古道具屋のパッとしない太鼓が「火焔太鼓」という貴重な太鼓だった。それを殿様がすごい高値で買い取ると聞いて、古道具屋の亭主がものすごくあわてて「水を、水をくれ」となるところが面白い。亭主が帰って奥さんに話すと、奥さんも「水を」と言います。

私は落語『火焔太鼓』を拙著『理想の国語教科書』（文藝春秋）に入れて、小学生200人と一緒に音読したら小学生が笑い転げ、本当の名人の話は活字になっても笑わせる力があることを知りました。

●夏目漱石のユーモア

明治から大正時代にかけての言文一致運動は、落語の速記から始まりました。二葉亭四迷《ふたばていしめい》が、それまでの難しい書き言葉を話し言葉に近づけたいと思い、坪内逍遙《つぼうちしょうよう》に相談したところ、三遊亭円朝の落語のように書いてみたらどうかとアドバイスされたといわれています。当時、円朝の代表作『怪談牡丹灯籠《ぼたんどうろう》』が速記本として出ていました。もともと口語であり、速記本ですから言文一致なわけです。

二葉亭四迷というペンネームは、自分に対しての「くたばってしまえ」というダメ出しが由来ですから、ちょっと笑えます。

そうした二葉亭四迷の言文一致運動があり、夏目漱石は『坊っちゃん』を半分落語として書いています。『坊っちゃん』を読むと、漱石は非常にユーモア・センスがあって、**日本の落語のユーモアとイギリス流のユーモアも理解していた**ことがわかります。

『吾輩は猫である』も最初から面白く、「書生という人間中で一番獰悪《どうあく》な種族であったそうだ。この書生というのは時々我々を捕まえて煮て食うという話である」「第一毛をもって装飾されべきはずの顔がつるつるしてまるで薬缶《やかん》だ」「穴の中から時々ぷうぷうと煙を吹く。どうも咽《む》せぽくて実に弱った。これが人間の飲む煙草《たばこ》というものである事はようやくこの頃知った」などと書かれています。

私は「猫だって笑わないとは限らない」という一文が面白いので、それをキーワードにして絵本をつくれないかと思い、「吾輩は猫である」の一文は物語の始まりとして完璧なので原作どおり冒頭に置いて、最後は「猫だって笑わないとは限らない」で締める、抜粋絵本をつくってみました。竹田美穂さんが上手に絵を描いてくれて、絵本『吾輩は猫である』（ほるぷ出版）はうまくいったと思っています。

●戦後に求められた笑い

２０２４年、ＮＨＫラジオの『アナウンサー百年百話』という番組に出演し、ラジオ初期の日本人の笑いを知ることができました。

２０２５年３月はアナウンサー誕生から１００周年にあたり、当時の最前線のアナウンサーの「ことば」をもとに放送１００年を振り返るという番組です。

「日本で戦後復興を支えたバラエティ番組」として４回分収録し、その一つ『歌って当てる〝３つの歌〟』という番組は、有名な宮田輝アナウンサーが童謡「むすんでひらいて」を流し、音痴大歓迎ということで出場者が歌います。

ところがそのときの出場者は「むすんでひらいて」と歌わないで、最初から「ひらいて」「その手をにぎって」と歌ったので、宮田アナが「握るのはお寿司屋さんにまかせておきましょう」とツッコんで、みんなが爆笑しました。そういうラジオ番組です。その聴取率は64%だったそうです。会場には方言一つでも笑える温かい空気があって、宮田アナとのやり取りだけで笑いが起こります。

次に地方の女子高生が出てきて、緊張しているのか、宮田アナに「梅の花がきれいなところなんでしょ」と聞かれて「はぁ……」、「遠足なんかで行きましたか」と聞かれても「どこにですか」、「いや、梅の花の咲くところです」と宮田アナが言うと、女子高生は「いいや」とか言って話がうまく続かず、宮田アナが「おしゃべりするの好きなんでしょ」と聞くと、その女子高生は「はい」と言うわけです。それで宮田アナは「でも今晩は相手が悪いか」と、自分が面白くない男だから話してくれないんだなというふうにして、みんながワーッと笑ったんですね。丁寧なやり方で、品のいい笑いに持っていったのです。

また、『とんち教室』というラジオ初の国産クイズ番組がありました。

たとえば「今日は〝ダイづくし〟でお願いします」ということで、出演者たちはダイがつく言葉を言っていきます。もうほとんど大喜利大会です。

「持っておいでよ、その踏み台」「金があったわ、親父の代」

さらには、ダイがつけばいいということで「先生、そんなことイヤだい」でも笑う。

今度は「似ている点を挙げてください」ということでリスナーにお題を募って出題しているのですが、「カンニングとランニング」、音は似ていますが意味はまったく違いますから、出演者たちは似ている点をパッとは答えられません。

バッテンさんという出演者は「ランニングはゴールに見物人がどんどん集まってくるから、覗きこむという点でカンニングと似ている」と言う。すると次の出演者が「カンニングもランニングも、後ろの人が気になる」と言って、アナウンサーの「ほうほうほう、これはいいですね」で、みんなが笑う。

「お題はこちら。ブラジルという汁はどんな汁？」

「南米（何杯）飲んでもうまい汁」

「うちのお父さんとかけて停電のときのロウソクと解く。その心は？」

「一本つけると明るくなる」

これは終戦から5年しか経っていない1950年の放送ですが、『とんち教室』と言うだけあって、けっこうレベルの高い大喜利が行われています。

リスナーに宿題を出したりして次の週まで盛り上がって、聴取率は58％でした。

あるいは、時代を感じる笑いもありました。たとえば、「馬を4頭並べて都々逸《どどいつ》をつくってください」というお題の『競馬都々逸』。

都々逸というのは、江戸末期に流行した男女間の情などを七七七五調にまとめた唄です。

「埋まった宝を　うまうませしめ　うまくさばいて　うまい汁」

このように句頭にウマという音を読みこんで、ウマ縛りで都々逸をつくるという、なかなか風情のあるお題です。「そしたらどうぞ」と言われて、みんな次々と発表していきます。

「うまく儲けて　馬を買って　馬が稼いだ　うまい酒」

「生まれた赤ちゃん　馬をば眺め　生まれて初めて　馬を見た」

「馬を見ようと　馬屋へ行けば　馬の隣に　馬がいた」

最後はもうくだらないですが、こうしたラジオ番組がテレビのない時代から19年間にわたって放送され、大人気でした。聴取率は50%を超え、国民の半分が聞いていたわけですから、**戦後のたいへんななかで笑いを求める気運の高さがあった**ことが感じられます。

最近では、『うんこドリル』（文響社）がロングヒットしています。

「今、ポケットに入れたうんこを出しなさい」のように例文すべてに「うんこ」が登場します。私も、「子どもって、こんなにうんこ好きなんだな。うんことあるだけで漢字や算数の勉強をするんだ」と衝撃を受けました。

大人が「うんこなんて言ってはいけません」と言うから、子どもはよけいに面白がって言いつづけるというのもありますし、基本的に子どもは自分から出るうんこに対して親和性があるといわれています。

フロイトの精神分析では、排便のしつけをする2～4歳ころを「肛門愛期」といいますが、大人とは違う感覚があるのかもしれません。

さらに『おしりたんてい』（ポプラ社）という絵本があります。

探偵の顔がおしりになっていて、何かを思いついたときに「フーム、においますね」が口ぐせで、犯人を追い詰めるときには「しつれいこかせていただきます」と言って必殺技の強烈な悪臭を放つ。バカバカしいですが、この絵本はアニメや映画にもなっています。おしりが考えているのはすごく変ですね。そのくだらなさがたまりません。

03 日本人はユーモア力を育めるのか

●笑いはタブーから生まれる

笑いには、面白みのある諧謔的なユーモアもありますが、タブー破りの笑いもあります。タブーとは、やってはいけないという禁忌事項であり、そこを突き抜けていく力がユーモアにはあるということです。

たとえば、ビートたけしさんがツービートとして出ていたころ、「赤信号みんなで渡ればこわくない」と言ったことで、**禁じられたところを突破するような気持ちよさ、爽快感**があって、みんなが笑いました。それは「毒ガス」と呼ばれ、そういうものが時代に求められていたわけです。

シェイクスピアの悲劇『リア王』でも、王の横にいる道化師が権力を笑うようなことを言ったときに、ちょっと場がほぐれるところがあります。そうした役割をするトリックスターがいることで場の硬さがほぐれ、その場が変わっていきます。

言ってはいけないことを言って笑いをとる「毒舌」は毒がある笑いです。**みんなが鬱屈しているところで毒舌をあえて言う。**下手をすると嫌われますが、そこのところはさじ加減でしょう。毒が笑いになることは数多くあります。

本来、権力者を批判する笑いが、笑いの風刺機能です。

たとえば日本では昔から、京都四条河原などの処刑場でも落とし文や落書《らくしょ》によって権力を批判する本格派の笑いがありました。しかし、毒を吐くのは非常に危険なことです。その意味では、権力を笑えない社会は厳しいといえます。

第二次大戦中のドイツでは、独裁者ヒトラーを笑うのはとんでもないことでした。今、北朝鮮や中国などで権力者を笑えるか――。日本にいれば笑うことができますが、当事国ではなかなか難しいでしょう。

●今の時代の笑いの難しさ

今、昭和のテレビ番組をユーチューブなどで見返してみると、昔はよくこれで笑っていたなと感じます。歌などは、今の時代とくらべても「昭和の歌手はうまかったなぁ」「アイドルはスター性、カリスマ性があったんだなぁ」と感心することがありますが、お笑いに関してはさすがに古く感じてしまいます。

私は昭和のテレビ番組『8時だョ！ 全員集合』で育っていますので、あの笑いは大好きですが、今あれで笑うのは小学生くらいのもので、今の笑いは洗練されてレベルが上がっています。

漫才にしても、ビートたけしさんは「みんなうまいよ。俺たちのころとは比較にならないよ。すごくテンポもいいし、ネタもいいから、もうレベルがぜんぜん上がってるよ」とおっしゃっていました。

しかし、笑いのレベルが上がっている一方で、「こういう笑いはダメだ」という危険領域も急速に広がっています。

現代における笑いの難しさは、ハラスメントに対して非常に敏感になってきたということです。**差別的なものや他人を貶めるものに関してはもう笑えません。**かつては人種や民族をネタにして笑いがとれていたかもしれませんが、今は御法度です。

昭和のころだったら、アイドルにペチャパイなどと言っても、まるで平気でした。

アイドルのほうの技量としてそれに切り返すだけの強さがあって、笑いがとれる時代だったわけです。当時も差別的なものはあったでしょうが、それは我慢していたということもあるでしょう。

現在、髪がうすい、ペチャパイ、デブなどの**〝いじり笑い〟は、言う側に、差別を生み出す構造、いじめの構造に似たものがあって起こっています。**

お笑い芸人にとっては、いじられて得になる面がありますが、それを一般の人たちがマネをすると、いじられる側がイヤな気分になるだけです。さらに、いつもいじられるという構造ができあがってしまうと、**上下関係的な力の差を生み、いじめにつながっていく**こともあります。

ブスやデブなどと言って人を笑うのはハラスメントであり、許されません。昭和・平成の毒蝮三太夫《どくまむしさんだゆう》さんや綾小路《あやのこうじ》きみまろさんのような愛情を持った〝おばさんいじり〟は長年かけて関係性をつくってきたから受け入れられるのです。しかし、一般の人が笑わせるつもりで「おい、ババア！」と言ったら、言われたほうは不愉快なだけです。あるいは「ゆとり世代」や「Z世代」というネタで笑いをとろうとしても、その呼び方自体が差別的だというような正論がどんどんSNSに挙げられてしまいます。

当時の人と、今の人の笑いのセンスをくらべると、今の人は洗練されていますが、**社会全体が笑いに対してシビアになってきている**と思います。

レベルが上がっているうえに危険領域を避けなければいけない。そういう状況で、笑いをどうやって成立させるのか、今は昔よりも格段に難しくなっています。

それを踏まえて、今の日本でユーモア力を育てるにはどうしたらいいか——。

私たちは「誰も傷つかない、これが今の時代の笑いである」という明確な基準を持って、**まずは笑いの上手な受け手になる**ことがベースであり、全員の義務です。

私は、日本人に共通の義務があるとすれば、「労働」と「納税」と「教育を受けさせること」、そして「ユーモアに対して上手に笑うこと」だと思っています。

そして、**自分はこれならいけそうだという笑いを見つけて発信していただきたい**というのが私の願いです。

ユーモア力を上手に育てることができれば、日本は世界的にもユーモアを発揮できる文化国家になっていくと思っています。

第2章

ユーモア力はコミュ力だ

01 なぜ、学生にコントをやってもらうのか

●〝はじける〟ことで、ひと皮剝ける学生たち

私は昔から笑いを重んじていましたが、授業で学生にコントや替え歌をやってもらうようになったのは、2015年に始まった『全力！脱力タイムズ』(フジテレビ系)に出演するようになったころだったと思います。

『全力！脱力タイムズ』は、くりぃむしちゅーの有田哲平さんをメインキャスターとして、ニュースを真面目に取り扱う報道番組のかたちをとりつつ、徹底して笑いを追求している番組です。初期のころ、有田さんに「これってどういう番組なんですか」と聞いたら、「壮大なコント番組です」と答えてくれました。

その番組で私がやっていることを、学生にもぜひ、おすそ分けしようと思ったのが動機です。(この「おすそ分け」という言葉自体がブラックジョークなのですが、お

わかりいただけたでしょうか）

たとえば、私の名前が孝《たかし》なものですから、トレンディエンジェル*の斎藤司さんと、相方のたかしさんの代わりに私が組んで「トレンディエンジェルです」みたいにやるわけです。そこで有田さんが「齋藤先生は〝たかし〟でもありますけど、〝斎藤さん〟でもありますよね」と言って「まぁ、そうですけど」「じゃあ、一人二役でやってもらえますか」となって、斎藤さんがそこにいるのに、私一人でトレンディエンジェルのネタをやったり。歌わされることも多く、先日は「新しい学校のリーダーズ」の『大人ブルー』を歌うということでセーラー服を着ました。私は下着を着るのを忘れたものですから腹出しダンスになってしまいましたが一発撮りで終わり。

台本にないことでも、カメラが回っているので、「もうできません」と言える空気がありません。私の下手な歌も腹出しダンスも全部、全国放送で放映され、それがネット上にデジタル・タトゥーとして永遠に残ってしまいます。

私は、そのことによって失ったものもあるが得たものもあるだろうということで、そのおすそ分けとして学生にコントをやってもらうことにしたのです。

「私は全国放送で恥をさらしているのだから、みなさんがこの教室で恥をかくことは

*トレンディエンジェル（お笑いコンビ）　たかし（ツッコミ）1986年生まれ。東京都出身。斎藤司《さいとうつかさ》（ボケ）1979年生まれ。神奈川県出身。2005年結成。「M-1グランプリ2015」優勝。ハゲラップ。

大したことではない。しかも、ここでは全員笑ってくれるのでスベることがない」と言うと、先生がそこまでやっているのだからと納得してくれます。

コントや替え歌づくりにはみんな苦しむのですが、「次の学年に何を残したらいいか」と聞くと、「コントと替え歌だけはやらせてくれ」と全員が言います。それで私は、次の学年に「私はプレッシャーを与えることは好まないんだけれども、前の学年の先輩がこれだけは残してほしいと言うから、コントや替え歌をやっていただきます」と言って、たちの悪い伝統のようにずっと続いています。この授業によって何が変わるか、何を得られるかを簡単に言うと、**ひと皮剝ける、自分の殻をやぶれる**ということです。

今の若者はものすごく他者の目を気にします。良識があって、おとなしいので、はじけることがかえって難しい。はじけることで笑いをとりにいってシラケると大きな傷になるので、周りを様子見して無理をしない。そういう安全性を求めてちょっと引き気味な状態から、ひと皮剝けると、**人前に出て恥ずかしがっているのが、いちばん恥ずかしい**とわかってきます。

思いきりのいい人が一人いると、その場の空気が明るくなります。

思いきって笑いをとりにいくことは、大人に成長していく大切な機会です。これを私は「コント通過儀礼（イニシエーション）」と呼んでいます。

●大人になるためには困難が必要

かつて民族には、それぞれ成人になるための通過儀礼がありました。

足にゴムロープなどをつけて高所から飛び降りるバンジージャンプも、南太平洋のバヌアツ共和国のペンテコスト島に伝わるナゴールと呼ばれる通過儀礼がもとになっているといわれています。

フランス南西部の世界遺産になっているラスコー洞窟の壁画も、通過儀礼のために描かれたのではないかといわれています。洞窟の側面や天井にクロマニョン人によって鮮やかな牛や馬など動物の壁画が描かれたのは2万年前だそうです。刻印された人間の手形や手持ちのランプも発見されています。成人するとき、真っ暗な洞窟に入って壁画を見せたのち、狩りに参加させたのではないかという見解があります。

大人になるためには、通過儀礼として、そうしたある種の困難を乗り越えていくこ

とが必要です。そういう意味では、学生にとって人前で替え歌を歌ったりジョークを言ったりすることは危険性がある困難な道です。けれども、それを乗り越えたときに初めて、場を盛り上げる存在となり、見えてくるものがあります。

●笑いは勇者の行為

ユーモア力とは、面白いことが最優先になるわけではありません。ともに笑いあうことで、相手との関係性をよくしていきたいという情熱、責任感が大切です。**相手と仲良くしたい、その場の硬い空気をやわらかくしてリラックスさせてあげたいという気持ちがある人が、ユーモア力がある人です。**

笑いは勇者の行為です。その典型として『ベロ出しチョンマ』（斎藤隆介作／理論社ほか）を紹介しましょう。

ベロ出しチョンマとは、長松という少年のあだ名です。長松は、幼い妹のウメが泣くといつも、眉を八の字に下げて舌を出して笑わせていました。名主である父親が幕府に年貢軽減を直訴し、その罰として一家もろとも磔《はりつけ》にされることになったとき、長松はこわがるウメをいつもの顔で笑わせようとして、そのまま槍で突かれて死にます。

小学生の私は、この話に泣きました。自分が殺される寸前だというのに、泣いている妹に「ウメ、笑え。この顔を見ろ」と言って、得意のベロ出し顔をするお兄ちゃん。それを見守る村民たちも泣きながら笑いました。

こういうものが、緊張を緩和させていくことに対する責任感です。

作者の斎藤隆介は、江戸時代の下総国佐倉藩領の義民として知られる佐倉惣五郎の逸話をモデルに『ベロ出しチョンマ』を書いたと解説しています。

ユーモア力は、笑顔のない人に対して、この人はつらい思いをしているんだなと思いやり、自分があえて笑いを起こそうという心意気、義侠心です。

私が教えた卒業生たちは教師になると果敢に、まず自ら歌い、ジョークを言って、クラスを明るく盛り上げます。ちょっとしたモノマネでも先生がやりきると、生徒にものすごくウケます。そういうクラスをつくれるのは素晴らしいことです。だから、笑いをとりにいく人は勇者なのです。

お笑い芸人のトークでも、自分の才能を見せたいというより、場を明るくしたいという気持ちが大事です。**笑いのリーダー、雰囲気づくりのリーダーになっていく**ということです。

これは一般社会でも大事です。全員がそういう人である必要はありませんが、集団のなかに一人でも笑いのリーダーがいることで、みんながリラックスできます。

笑いがスベっても気にしないチャレンジャーになってください。

ずっとスベりつづけるとどうなるか——。周りがどんどん飽きて、冷えきった状態になります。「M-1グランプリ」の決勝ですら、冷えきってかわいそうな状態があります。そこで、**一歩踏みこんだ勇者に対しては温かく対応しよう**という提言です。

笑いが出来のよいものでなくても、そこで大きく笑うリアクション芸人みたいな人がいると場が一気に盛り上がります。

●人材育成には勇気が重要

はじめにお話ししたように、私は教師養成の授業で学生にショートコントをやってもらい、爆笑しあう練習をしています。

「ショートコント論語」と言って始めれば、『論語』を題材として何をやろうが自由です。あるいは、世界史や日本史など学習した知識を使って替え歌をつくってもらいます。私は簡単なものでいいと言っているのですが、みんな上手に笑いに変えてくれます。

たとえば、人気のアニメソング1『残酷な天使のテーゼ』は、その歌詞の部分を「残酷な古文の知識」などと変えるだけで替え歌にしやすいものです。また、尾崎豊さんの『I LOVE YOU』という歌の「I love you」の歌詞を英語の「比較級」にして「ひ～か～くきゅう」と歌いはじめる。伸ばす語韻がそっくりです。

森山直太朗さんの『さくら』を田沼意次《おきつぐ》の歌にした学生もいました。これも「さくら」と「田沼」の語韻が一致しているところがうまいですし、悪政を行った田沼意次の応援歌なんてふつうはつくれません。しかも、歌があまりにもうまかったので大ウケしました。

全員が替え歌をつくり、それが大ウケして、とてつもない笑いが起きる。人前で歌うことはプレッシャーであるにもかかわらず、みんながスタンディングオベーションをしてくれるので、歌うことまでこわくなくなります。

この〝勇気〟が重要なのです。**勇気が積極性を育て、その心意気を習慣化していき、笑う技術を磨くことによって、お互いにジョークを言いやすくなります。**

実際、卒業して教師になった教え子たちは「あの授業はすごくいいです。リアクションを大きくすると、生徒たちが元気になって次も発表するようになります」と言ってくれます。

私自身、中学2年生のときに教師のリアクションの重要さを実感しました。

富士五湖の一つである本栖湖にキャンプに行ったときのことです。夜、生徒がグループになって出し物をやるということで、私たち男子5人は女装に近い格好をして踊ったのですが、これがまったくウケず、もうみんな、どん引きです。会場の空気がシラッとなったとき、クラス担任の佐藤トオル先生だけが手を叩いて大爆笑。それで会場全員がドッと笑ってくれたのです。

私たち5人はテントに帰って「やっぱり、佐藤先生はいい先生だな」と言いあいました。そして、このとき私は「俺たちは先生に救われたんだ。生徒がチャレンジしてシラケている、そのときに思いっきり笑ってくれた、これこそが教師の素晴らしい力なんだ」と思ったのです。佐藤先生とはいまだに交流があります。

02 ユーモア力がある人ってどんな人？

●自分を俯瞰して見られる人、見られない人

ユーモア力がある人とは、簡単に言えば、**リラックスしている人**です。**緊張してガチガチに固まっている人、忙しくて一杯いっぱいの人は、ユーモアを言う余裕がありません。**

戦前や戦中の日本では、笑うこと自体が「兵隊さんに申し訳ない」「真剣さが足りない」と言われ、「欲しがりません勝つまでは」をスローガンとしていました。それは余裕のない世界です。日本の軍隊のあり方自体が悲劇だったところがあります。

逆に言えば、**ユーモアによって余裕があるところを見せることができます。**

それは、状況に呑みこまれないということです。たとえば、誰かとケンカをして、つかみあいになったとしましょう。そのとき、これではまるでコメディだというよう

に自分たちを**俯瞰して見る視点がユーモア**というわけです。

フランスの文学者バルザックは「人間がやっていることは全部、喜劇である」という世界観を持っており、1842年に『人間喜劇』の構想を発表しました。『人間喜劇』とはバルザックの作品の総称であり、「ヒューマン・コメディ」とも呼ばれます。自分にとって悲劇でも、周囲から見ると喜劇であるということはよくあります。それが、自分のやっていることさえも喜劇に見えるとすれば、その人にはユーモア・センスがあるということです。

自分がたいへんなときに、その状況を笑い飛ばす力、負けない心意気、人間の意思の強さがユーモア力なのです。

●教養のある笑いと、そうでない笑い

最近はお笑い芸人の世界でも、大学のお笑いサークルで活躍した人がデビューすることが多く、笑いの質がちょっと変わってきている感じがします。

たとえば、ラランドは上智大学のお笑いサークル出身です。そういう高学歴芸人が増えてきました。

しかし勉強は勉強。勉強ができればユーモア力が育つとは限りません。

勉強の内容をもじって知性的なことを言える利点はありますが、笑いという点で特別に優れているわけでもないということです。

知性的であることは、他者よりも状況に対して余裕があるということです。

ビートたけしさんは「**教養をベースにした笑いと、そうではない笑いがある**」と言っていました。

明石家さんまさんは、『8時だョ！全員集合』（TBS系）の対抗番組として1981年に始まった『オレたちひょうきん族』（フジテレビ系）で大爆発しました。たけしさんは、さんまさんをそのまま活かしたほうがいいと思われたのだそうです。

さんまさんは〝お笑い怪獣〟といわれ、教養とは関係なく爆発していくタイプのすごい人です。それに対して、教養ベースの笑いもあるということです。いずれにせよ、お笑い芸人には「**頭の回転が速い**」という特徴があります。

また逆に、頭の回転がゆっくりで、言っていることがなんだか面白い、ふつうじゃないなというお笑い芸人もいます。**頭の回転が速くて面白いタイプはツッコミ役、ちょっとズレたことを言って面白いのがボケ役です。**人柄がよくて、ちょっとボケたことを言う人は、テレビでも人気がありますね。

私たちの高校時代は男子ばかりのクラスもありましたから、下ネタで爆笑が起きていましたが、**今は下ネタで笑うこと自体を面白く感じない空気があります。**「M-1グランプリ」でも、勝負をかけて下ネタを持ってきたグループが沈没することがけっこうあります。下ネタで天下を取るのはなかなか難しいですが、どぶろっく＊は『農夫と神様』という下ネタの歌で「キングオブコント2019」の王者になりました。

どぶろっくのコントを外国人に見せるユーチューブ動画があり、海外の人も爆笑していました。「本当に下品だ」と言いながら笑っています。

私はどぶろっくのコントが大好きで、番組も見て、ユーチューブも見て、お二人にお目にかかったときには、「最高ですね。ずっとチャレンジしてくださいね。応援しています」と声をかけたくらいのファンです。

＊どぶろっく（お笑いコンビ・ミュージシャン） 森慎太郎《もりしんたろう》（ツッコミ・ギター）、江口《えぐち》直人《なおと》（ボケ・ネタ作成）、ともに1978年生まれ、佐賀県出身。保育園から大学まで同じ。2004年結成。「キングオブコント2019」王者。下ネタ中心の歌ネタ。

なぜ、どぶろっくのコントがウケるかというと、歌がものすごくうまいからです。そして歌詞がいいストーリーで来ているのに「そこで、それかよ」というギャップ。『農夫と神様』の歌では、病気のお母さんのために薬を探しに来た農夫の母を思う優しさに胸打たれた神様が「おまえの望みを1つだけ叶えてやろう」と言います。そこで農夫は「お母さんの病気を治す薬をください」と言うはずなのに「大きなイチモツをください」と言うので、観客は笑ってしまいます。

彼らはミュージカル風に真面目に歌うことにすべてをかけて、そこに力を注いでいるのです。このように芸として突き抜けている場合には大ウケしますが、中途半端だとシラケてしまいます。

どぶろっくの下ネタは芸として完璧に仕上がっているので通用していますが、**一般の人が下ネタで笑いをとるのは今、非常に難しい。**スベるだけでなく、ハラスメントに引っかかる可能性が高く危なすぎます。いちばんまずいのは、パワハラ、セクハラ。**ハラスメントをしてはもう終わりです。**

かつてジョークの3分の1くらいが下ネタでした。世界のジョークを見ても、かなりの部分で下ネタが多い。下ネタというものが温かく笑われていて、中年女性が若い男性に下ネタを言ってからかうこともよくありました。

『夜這いの民俗学』（赤松啓介著・明石書店）には、男性が女性にではなく、年長の性経験豊富な女性が積極的に下ネタを言って若い子をからかう様子があります。下ネタは男性が言うものとは限りません。

明治・大正・昭和の時代を支えた国語の教育者である芦田恵之助《あしだえのすけ》は、電車のなかで女性たちが下ネタで爆笑しているのを聞いて「お経のように聞こえる」と言ったくらいです。下品ではなく、むしろ、ありがたいもののように聞こえると。そういう時代がありました。

とはいえ、時代は変わりました。私は先日あるパーティーで「乾杯の挨拶と女性のスカートは短いほうがいいと言われていますので」というジョークを聞き、この令和の時代にまだ、こんなことを言う人がいることに驚きました。

昭和の時代にはこのジョークでみんな笑っていましたが、「セクハラ」と言われればそのとおりです。令和の今、笑ってはいけないんだと感覚が変わりました。

下ネタ厳禁の世界に入ったのです。「面白いけど言っちゃいけない」ではなく、そもそも面白くない。若い世代は下ネタでほぼ笑わない。女性だけが笑わないということではなく、男性も笑わなくなってきました。女性だけに対するハラスメントではありません。

「下ネタでは、もう笑えない」という空気をみんなでつくってしまっているのです。

これに関しては、どうしたらいいか難しい問題です。

●笑いのルールは変わる

笑いのルールは刻々と変わっていきます。

今は昭和のルールがまったく通用しないし、平成のルールすら通用しません。

スポーツでもルール改正がたびたびあります。ルールが改正されたら、スポーツ選手はどんどんそれに対応します。お笑いをスポーツとすると、**笑いのルールがどんどん変更され、そのルールのなかでチャレンジしつづける。**それがプレイヤーとして一流ということです。

この本を読まれている方には、笑いに果敢にチャレンジしていただきたい。そのためにも笑いのルール変更について理解していただきたいと思います。

第1章で触れましたが、毒蝮三太夫さんがラジオでやっていた〝おばさんいじり〟があります。

「おいババア、まだ生きてるのか」みたいなおばさんいじりは、毒蝮さんが言う場合には許されています。ビートたけしさんも許されている人の一人でしょう。

しかし、令和の新しい世代の人が「おいババア、まだ生きてるのか」と言うことは許されません。

なぜなら、毒蝮さんは**長年かけて関係性を築き、おばさんいじりの芸をつくりあげてきた**わけです。綾小路きみまろさんの漫談も、おばさんいじりが多く、いじられた人も笑ってしまいます。それはもう、きみまろさんの芸です。たいへんな話術です。ものすごく卓越していて、しかも聞きに来ている人もそれを笑いに来ているわけです。これをライブ会場みたいなところでやる分には何の問題もありません。でも一般の人が「おばさんはこうだ」などと言って笑わせるときには上手に言う必要があります。

女性と男性の違いは明らかにあるわけですが、今の時代は女性と男性を区別すること自体が厳しくなってきています。

私が講演で話しているコミュニケーションの一例を紹介しましょう。

「私がホテルのカフェで編集者と打ち合わせをしていると、隣に5人が座りました。それが男性同士の場合には、1人ずつ話をしているので支障はないのですが、女性5人になると、こちらの声が聞き取れなくなります。なぜかというと、女性は3人くらいがいっぺんにしゃべるからです。女性たちの会話は、話題のボールが3つあって、みんながいっぺんにしゃべったとしても成立します」

この話に対して、女性が多い会場ではみんな心当たりがあるから笑いが起きます。そこで「いちおう念のため、なぜこのようなことが起きるかというと、雑談力という点においては女性のほうが優れているからです」と言って、さらに笑いをとります。

「発言するというのは、たとえば1つのボールを扱うことですから、ボールゲームをするときに2つのボールをいっぺんに扱えるのと同じで、2人が同時にしゃべってもちゃんと会話が成立するというのは、明らかに女性は話題のボールを扱う能力が高いということです。すごいことですね」と、**褒めながらフォローする**オチをつけているわけです。

●教養をベースにしているとハラスメントから遠い

ＴＢＳの安住紳一郎アナウンサーは、アナウンサーとしては積極的に笑いをとりにいく人です。往年の人気番組『ぴったんこカン・カン』をはじめ、『情報７ｄａｙｓニュースキャスター』をやっているときも常に笑いをとり、真面目にやるところとのメリハリが非常にいい。

彼は、明治大学で私が教えた学生ですので、「よく笑いにチャレンジしているね。アナウンサーだからふつうにしていてもいいんだけど、果敢にチャレンジしてスベることもあるのにすごいねぇ。偉いねぇ」と常に褒めています。

すると「先生、もう僕は傷だらけです。でもチャレンジしないと明大出身者は世の中で戦っていけないです」と言うので、「そうか、よく頑張ってるな。じゃあ、学生に伝えるよ」ということで、「先輩が傷だらけで戦ってるんだから、諦めずに笑いにチャレンジしよう」と学生にハッパをかけるわけです。

笑いにチャレンジしているうちに、これはハラスメントになる笑い・ならない笑いという感覚がわかってきます。

近年は、「**誰も傷つけない優しい笑い**」が求められるようになってきました。「時を戻そう」のコントで知られるぺこぱ*の松陰寺太勇さんは、ノリツッコまない〝全肯定漫才〟という誰も傷つけない笑いを編み出しました。

MC（番組進行役）でも、攻めに攻めてアグレッシブに笑いをとりにいく人よりも、人を傷つけない人が真ん中に座るようになってきました。

でもそうなると今度はキレがなくなるので、ちょっと面白くない。「羹《あつもの》に懲《こ》りて膾《なます》を吹く」という言葉がありますが、ハラスメントに懲りて笑いが面白くなくなる人もいます。

そこで、身につけていただきたいのが、教養をベースにした笑いです。**教養が背景にある場合、笑いが安全でウケやすい**。一つには、源氏物語や夏目漱石など**古典をベースにするとハラスメントから遠い**ということです。

また、たとえば世界史の「カノッサの屈辱」を題材にすれば（これはフジテレビの教養風バラエティ深夜番組のタイトルにもなりました）、笑いがスベったとしても、**教養の後ろ盾があるので勉強になったお得感があります**。

世界史でも日本史でも科学でも何でもかまいません。そういうものでショートコン

＊ぺこぱ（お笑いコンビ）　シュウペイ（ボケ）1987年生まれ。神奈川県出身。松陰《しょういん》寺太勇《じたいゆう》（ノリツッコまないツッコミ）1983年生まれ。山口県出身。2008年結成。「M-1グランプリ2019」決勝3位。全肯定漫才。

トや替え歌をつくった場合、面白さがそうでもなくても勉強になるということで下げ止まりがあります。

つまり、**言葉のセンスと教養を磨いていくと、人を傷つけない笑いができるということです。**

●笑うことはマナーであり、礼儀である

ユーモア力を身につけるためには、前述のように笑わせる技術を磨く道とともに、ユーモア文化を育てる役割を担っている意識を持って上手に笑う道があります。

私は笑う技術を育てようと常に考え、行動しています。「コミュニケーション力を上げる」というテーマで講演に呼ばれることが多いのですが、**「コミュニケーションの基本はリアクションである。**リアクションの基本は、うなずくこと、軽く驚くこと、**いちばん大事なのは上手に笑うこと**である」とお話ししています。

じつは、笑いというのは関係性によるところがあります。

恋人同士はもちろん、相手が男性であれ女性であれ、自分が好感を持っている人が

言ったことならば何でも面白い。あるいは、ミュージシャンがライブステージで言うジョークが大して面白くなくても、ファンは笑います。このように、関係性によって、状況によって、笑いは違うということです。

コミュニケーションのためには、相手のジョークが面白いか・面白くないかは二の次なのです。

自分が面白いと思ったことに対して笑う、面白く感じなかったら笑わない。これは、お笑い芸人を見ているときの悪いクセであり、客や子どものやることです。大人として積極的に人間関係をつくっていきたいと思うのであれば、**相手が面白いと思って言ったことに対してしっかり笑うことが大事です。**

笑いはマナーであり、笑うことは礼儀です。笑いが環境をよくするのです。

「相手がジョークを言いました→自分が笑います→面白いですね」となって、コミュニケーションが成立するわけです。

相手がジョークを言ったということは、握手に例えれば、右手を出したということです。それに対して笑うことが、自分も右手を出すというリアクションになります。これがコミュニケーションというものです。相手が言ったジョークに笑わないのは、握手の拒絶であり、相手との関係性を拒絶するということになります。

第3章

ユーモアの効果を知ろう

01 ユーモア・センスを磨くことで得られるメリット

●笑いは人間関係を円滑にする

私は笑いの多い映画が好きなので、意識してコメディ映画をよく観ます。初めてアメリカの映画ではちょっとしたジョークを言うシーンが多いのですが、アメリカンジョークを聞いたとき、〝ジョークを言っています感〟が強く、さほど面白くないな、どういうことだろうと感じました。

のちにわかったのですが、アメリカンジョークは爆笑が目的ではなく、パーティーなどで知らない者同士が仲良くなるためのコミュニケーションツールだったのです。軽いジョークを言って笑いあい、「これから仲良くやっていきましょうね」という意思表示なので〝ジョークを言っています感〟が大事だということなのです。

それを踏まえると、ユーモアは何のために必要なのかが見えてきます。

ユーモアは人間関係をよくするために必要なのです。つまり、**ユーモアは、みんなが明るく和やかな気分になることを目指しているものです。**

ユーモアは場を和ませるためにあります。それで場が和まないとしたら、ユーモアを言った側が悪いのではなく、受け手が悪いということです。

私たちはお笑い芸人ではないので常に面白いことが言えるわけではありません。

しかし、笑うことで和やかな空気をつくり、和むことを大事にしているわけです。

笑って心も体もリラックスして、ほかの人も笑って、**お互いにいい気持ちで一つの場を共有しあう幸福感が得られます。**それは、人間関係の幸福感です。

● 笑いは身心に良い影響を与える

「笑う門《かど》には福来《きた》る」といわれるように、笑いは身心の健康にもいい。

19世紀のフランスの哲学者アランは、『幸福論』で「**幸せだから笑うというよりも、笑うから幸せなんだ**」と言っています。アランは、気分が沈まないようにするためには、意識的にあくびや背のびをして気分をリラックスさせるといいと語りました。

今は、「笑いと免疫力」「笑いの治癒力」といった、笑いがいかに免疫力（自然治癒力）を高めるかという本があります。

笑うと免疫力が高まるという説は面白いですね。人間は笑いによってリラックスし、前向きなパワーが復活するということです。私はそうした本を読んで、笑いは身心の健康にいいという持論を後押ししてもらったようでとても勇気づけられました。

クドカン初の医療ドラマ『新宿野戦病院』*（フジテレビ系）でも、「免疫力を高めるためにみんな笑え」と言って、死にそうな人も最後にちょっと笑うみたいな場面がありました。

たしかに、**笑うと元気が出ます。**

私の遠足での体験をお話ししましょう。

今でも思い出しますが、学校から何キロも歩いて海まで行ってご飯を食べて帰ってくるという、まさに遠くまで歩く遠足でした。帰りはみんなバテて、だんだん歩みが遅くなり、列がずるずる長くなっていきました。すると杉山先生という男性の先生がある工夫をしてくれたおかげで、みんな元気になったのです。

杉山先生は「この棒は肥溜めに突っこんだものだよ」と言って棒を振りながら最後

*『新宿野戦病院』　フジテレビ系2024年ドラマ、全11話。宮藤官九郎脚本、小池栄子・仲野太賀主演。新宿歌舞伎町の病院を舞台とした救急医療エンターテインメント。2024年9月度ギャラクシー賞月間賞。ネット配信、ＤＶＤ等。

尾を追い立てたのです。

昔は、田畑の脇に肥溜めがありました。肥料とするためにうんこやおしっこが入っていたのです。そこに突っこんだ棒で追い回してくるから最後尾の連中はキャーキャー言って走り出し、みんなが爆笑して、その勢いで前に進んだのです。

昭和の子どもたちにとってはジャストミートでした。笑えば元気が出るということで、まだ元気があるじゃないかというわけです。

「押せば命の泉湧く」という指圧師の方のフレーズがありましたが、本当に〝笑えば命の泉湧く〟ようなところがあります。

身心の調子が悪いなぁと思ったときには、やはり笑うのがいい。

私もお笑いを一日何本かは必ず見るようにしています。ユーチューブやティックトックなどで新しい笑いが次々と生み出されています。そういうものを移動中などによく見ています。本ももちろんいいですが、**動画でも、ちょっと笑えるものを見ると日々の健康にいい**のではないかと思います。

●緊張と緩和のスイッチング

20世紀のフランスの哲学者ベルクソンが『笑い』という本を書いています。内容を端的に言えば、**笑いとは緊張を緩和することだ**という理論です。

つまり、緊張状態をつくって人間をそこにポンと入れると、緊張感を緩和させようとして笑いが起きるというわけです。

麻雀をやっていると、みんなで笑いあうことがよくあります。4人で麻雀をやりながら1人が軽口をたたくと、それをほかの3人が笑ってくれる。それでまた軽口をたたく。大したジョークじゃなくても許されるし、なんだか面白いものです。

みんなで何か一つのことをやりながらジョークを言うということはよくあります。

教師で言えば、入学試験の採点作業をしているとき、採点というのは1点変われば合格・不合格が変わるわけですから、私たちは真面目にきわめて厳密にやるのですが、それでも笑ってしまう楽しい解答があります。

「読みを答えなさい」という問題の「緑青」に対して「コバルト」と書いてきた受験生がいて、ほかの先生に「見てよ、これ。センスよくない？『ろくしょう』と読めなくてもコバルトを出してくるんだ」と思わず言ってしまいました。

切羽詰まった試験場で、あえて爆死するというファイトある解答ですね。残念ながら○にはできないのですが、合格させてあげたいと思うようなユーモア・センスあふれる受験生です。このように緊張している空間でも「面白い解答だね」と笑いが起きると場が和んで、また集中できます。

テニスのグランドスラム（四大大会）の一つ、ウィンブルドンの試合でも時々、笑いが起きることがあります。鳥が飛んできて会場全体が笑うとか、緊張のなかにも笑いが起きて、また、いい緊張に入っていく。この緊張と緩和が、笑いの本質です。

緊張感があったところに、ほどける感じがあるとパチンと笑う。だから、だらけた状況では笑いはあまり大きくなりません。**真面目な空気があって集中している場に、和む瞬間があるとドカンと笑いが起きます。**ジョークやユーモアのよさは緊張と緩和の喜びといえます。

02 ユーモアがもたらす効果

●ユーモアには人を動かすパワーがある

大統領の演説などでユーモアが入っていると、このリーダーにはパワーがあるとして人気が出ます。なぜ、パワーがあるのかというと、緊張する状況で周囲を笑わせられる余裕があるからです。だから、**いい演説にはユーモアが入っていることが多い。それが人を動かす力になっていきます。**

映画『アポロ13*（アポロサーティーン）』を観ても、どうやったら帰還できるかという**切羽詰まった状況でみんなをリラックスさせる空気をつくる人がリーダーとして信頼される**ことがわかります。なぜかというと、その人はパニックになっていないからです。リーダーがパニックになってしまったら絶体絶命です。

リーダーは全体が見えていて見通す目がある。それがユーモアに表れています。

＊『アポロ13』 1995年アメリカＳＦ映画。月面探査船アポロ13号爆発事故の実話を基に絶体絶命の危機に陥った乗組員たちの救出劇をスリリングに描いている。アカデミー賞編集賞・音響賞。ネット配信、ＤＶＤ等。

危機的な状況から自分を引き離し、一歩上からの視点を持つことを「メタ認知」といいます。メタ認知とは「客観的な自己」「もうひとりの自分」ともいわれ、現在進行形の自分の思考や行動そのものを対象として認識することにより、自分自身の認知行動を把握することができる能力です。

このメタ認知があることによってユーモアを言うことができるわけです。ですから、ユーモアとは〝メタ自己〟でもあります。それはリーダーの素質と共通するものです。**リーダーとは、状況に呑みこまれず、俯瞰的な視点で、ものが言える人**であるというわけです。

ユーモアの根本には場を明るくするパワーがあります。

サッカーの試合でも開始3分で点を取られてしまうようなことがあります。そのとき、「ようやく目が覚めたよ」「これでかえって落ち着くんじゃないか」みたいな言い方ができる明るさが必要です。

何かの書き込みに、元日本代表の小野伸二さんと高校時代に対戦した選手が、自分たちのチームは3－0で勝っていたけれども、相手チームの小野選手が「大丈夫、大丈夫」とずっと明るく笑ってプレーしているからこわくて、結局、逆転負けしたという話がありました。

場を明るくしたいという気持ちがリーダーの素質でもあるということです。それが人間関係を円滑にする力です。

●ユーモアが持つ連携力

2023WBC（ワールド・ベースボール・クラシック）準決勝の日本対メキシコ戦のDVD『憧れを超えた侍たち』を私は何回も繰り返し見ました。日本がピンチのときに大谷翔平選手だけはベンチで「みんな準備して」と言って笑っていました。

勝っているときにはみんな笑顔が出ます。負けている状況で、笑いながら「準備して」と大きな声で明るく言える人間、これがスーパースターなんだなと思いました。結果、日本が勝つわけですが、**ピンチのときに笑いがあることで仲間と連携していく。友情が生まれる。**さよならヒットを打った村上宗隆選手がインタビューを受けているとき、恒例の、飲み物を頭から思いきりぶっかけられて、またドッと笑いが起きました。そういうのを見ると仲のいいチームだなと感じます。

スポーツには、ピンチになっても笑いあえる関係性があります。バスケットでも、バレーでも、チームスポーツではとりわけそれを見るのが楽しみです。失敗しても「惜しかったね」と言って笑いあえる。そこに連携力が生まれます。そのとき、ハイタッチやグータッチでパンと叩きあったりして笑顔が出る。身体的に接触するというのも大事なところです。

漫画『ＳＬＡＭ ＤＵＮＫ＊（スラムダンク）』は後半真剣になってきますが、前半の巻ではけっこう笑いが入っています。そもそも主人公の桜木花道が笑える人間です。そういう人間がいることで、笑いでつながっていく。そしてリョータくんとコンビを組むことでまた笑いが起きやすくなり、チームとしてつながりが強くなっていきます。

●ユーモアが喚起する発想力

私は会議で行き詰まったときに、「いろいろトラブルがあるから、もう全部やめちゃえないかな」みたいな感じで、やめられるわけではないとわかっている場合でも、あえて言うことがあります。そう言うと、みんなも「いや、それはいくらなんでも無理

＊『ＳＬＡＭ ＤＵＮＫ』　井上雄彦《たけひこ》作漫画、集英社『週刊少年ジャンプ』1990〜1996年連載。全31巻。不良少年桜木花道の挑戦と成長を軸にしたバスケットボール漫画。ＴＶアニメ、アニメ映画、ゲームにもなっている。ネット配信、ＤＶＤ等。

でしょ」「全部はやめられないけど、これはもうやめてもいいかもしれませんね」「それならば、これもあるんじゃない」というふうに、行き詰まりが解消されていきます。

なぜ私が、できもしない極端なことを言うのかというと、みんなの考えが固まってしまったときに、そう言ってみんなで笑えば、聞き手を飽きさせず、「代わりに、これならできる」というふうに型にはまらない考え方ができるようになり、発想が広がっていくと思うからです。

みんなで笑うことで、違う発想にうながしていく。そういう力が笑いにはあります。

会議で笑いをとるのに3秒も必要ありません。一言ポンと言うだけで、ドンと来るということがあります。ぜひ、**ユーモアには発想を喚起する力がある**ということをわかっておいてほしいと思います。

●ユーモアの逆境力

ユーモアには逆境を乗り越える原動力があります。「復元力」と言っていいかもしれません。

鉄板はちょっと曲げても復元します。弓の原理も、しならせて元に戻る復元力です。この〝逆境力〟を意識して、**苦境にいる自分自身を笑ってみる**、あるいはそこでちょっと笑いを起こしてみると、追い詰められた感じではなくなるということです。

そこでぜひ、島本和彦さんの爆笑野球漫画『逆境ナイン』*をお読みになっていただきたい。この漫画の野球部は常に逆境にさらされます。そのとき、ちょっとしたワードで「あっ、わかったぞ！」と急に元気になります。その島本さんのユーモア・センスがすごくよくて、「もう、これで大丈夫だ」と思いこみ、イケるような雰囲気になるナインの姿が笑いになっています。

逆境にいるとき、誰かが「もう、これで大丈夫だから」とおまじないをかけたとしたら、「そんなわけないだろう」とみんなが笑いますね。笑ったときにはもう状況が変わっています。

「**ピンチのときこそ、笑いあり**」ということで、逆境のときに笑いあえる仲間がいると乗り越えていけます。

*『逆境ナイン』　島本和彦作漫画、徳間書店『月刊少年キャプテン』1989〜1991年連載。全6巻。弱小高校野球部ナインが不屈の闘志で奇跡を起こすスポ根ギャグ漫画。舞台、実写映画、小説等にもなっている。ネット配信、ＤＶＤ等。

03 ユーモアが私たちを人間らしくする

怒りには笑いで対抗する――**怒っている人に対しては笑わせたら勝ち**ということです。私は、これを〝笑いによる武装解除〟と呼んでいます。

怒っている人も、笑ってしまったら、もうそこで怒りが溶けてしまいます。

子どもがわがままを言っているとき、漫画『クレヨンしんちゃん』の野原しんのすけがおしりを出しているところや、漫画『ドラえもん』ののび太がだらしないところや、ジャイアンが歌を無理やり聞かせる場面を見せると、プッと笑って機嫌が直ってしまうことがよくあります。

ジョン・レノンは「兵士はズボンを脱いで下半身すっぽんぽんで戦えばいい」と本に書いていました。もちろん、戦争が起きている状態をいいと思っていないわけで、そうすればバカバカしくて、もう戦えないだろうということです。まさに〝笑いによる武装解除〟です。

いちばん攻撃性が出る緊迫した状態が戦争ですが、そのときにこそ笑いで対抗するというジョン・レノンの発想を、私は『週刊文春』の「説教名人」という連載コラムに引用したことがあります。それを今は亡き内田裕也さんがコンサートで朗読してくれました。その文章は『説教名人』（文藝春秋）という本に掲載されています。

笑いは、非常に人間らしい行為といえます。

動物的な本能に呑みこまれず、苦境に置かれた自分自身を笑い飛ばす。この「メタ認知」の地点に立てるのは、人間だけです。

ユーモア（humor）という言葉自体が人間的（humanly）という言葉とつながるところがあり、**ユーモアが私たちを人間らしくする**ということです。愛や思いやりというのはつかみにくいものですが、ユーモアで場を温められる人は愛と思いやりがある人と感じられます。

第4章

ユーモア力を育てるための心構え

01 笑いのタイプはいろいろある

●ユーモアのタイプを分析してみる

お笑い芸人を例にとって笑いを思いつくままに分類し、言葉にしてみると、笑いの質の違いがぼんやりとわかってきます。いろいろな芸人を自分なりに分類してみてください。ユーモア力を育てるウォーミングアップになります。

【親しみやすい笑いと、攻撃的な笑い】

お笑い芸人でも親しみやすいタイプと攻撃的なタイプがいます。

かつてビートたけしさんは攻撃的な笑いで一世を風靡しましたが、近年は攻撃的な笑いが減っている印象です。

親しみやすいタイプというと、ウッチャンこと、内村光良《てるよし》さんは人を傷つけない温かな笑いです。

以前、私は内村さんの番組に出演したことがあります。私が何を言っても上手なツッコミで笑いに変えてくれました。しかも、私も傷つかない、周囲も傷つかないようにやってくれるのですごく安心感がありました。内村さんが人気なのは、そこにいるだけで周りの人と家族のようになっていくからです。

昔で言えば、萩本欽一さんの「欽ちゃんファミリー」がありました。欽ちゃんはもともとコント55号として攻撃的な笑いをやっていて、相方の坂上二郎さんに飛び蹴りをするなど、とんがった笑いから家庭的な笑いにどんどんシフトしていきました。

【表現力豊かな笑いと、さりげない笑い】

明石家さんまさんは表現力豊かで、親しみやすいですね。表現力豊かというのは、キレのいい笑いともいえます。

私は、さんまさんから「死ぬ直前に何がしたいですか」といきなり振られて「全地球のエネルギーを自分に集めて爆発したい」と言ったら、即座に「元気玉でんなぁ」と上手なツッコミを返してくれました。

さんまさんは、そういうパッとした一言が非常に表現力豊かですね。

さりげない笑いといえば、サンドウィッチマンのお二人でしょう。親しみやすくて温かみがあるタイプです。

サンドウィッチマンは、しみじみと手紙を読み上げる漫才があったり、無理をして笑いをとりにいかなくても面白い。

【攻撃的で面白い笑い】

攻撃的で面白いタイプというと、ウーマンラッシュアワー*の村本大輔さんがいます。

村本さんの早口でのまくしたてには笑いました。しかし現在、日本の社会にはうまくフィットしないようです。自分では政治的なことを面白いと思ってやっているけれども、いま一つウケず攻撃性だけが残ってしまうようなところがあるのかもしれません。アメリカなどではそういう風刺の笑いが多いので、場所を変えてやったらフィットするのではないかと思います。

村本さんは、「英語を覚えて世界中の人を笑わせたいんです。世界中の人を緊張もさせたいんです」と言っています。

＊ウーマンラッシュアワー（お笑いコンビ） 村本大輔《むらもとだいすけ》（ボケ）1980年生まれ。福井県出身。中川《なかがわ》パラダイス（ツッコミ）1981年生まれ。大阪府出身。2008年結成。2013年「THE MANZAI」優勝。社会風刺ネタ。村本は2022年に渡米。

●今求められている笑い

危険なところまで踏みこんで笑いをとることは今、攻撃的なタイプの芸人さんでも避けるようになっています。

第2章で述べましたが今の時代は、ぺこぱの誰も傷つけない笑いのように、優しいふうに変わってきていると思います。**誰か傷つく人がいそうだったら、無理をしないで流していく**ということです。あまり危険なところまで攻めてしまうと、その後にしこりを残してしまいます。

どこまで人をバカにしていいのか、誰に対してならばふざけていいのかというのは微妙なところで、そのあたりは見きわめてやっていく必要があります。

2024年の自民党総裁選のころ、〝進次郎構文〟が話題になりました。

「今のままではいけないと思います。だからこそ、日本は今のままではいけないと思っています」「約束は守るためにありますから、約束を守るために全力を尽くします」みたいな小泉進次郎さんの発言にはちょっと笑ってしまいます。

小泉さんは、出馬表明の記者会見で、ある記者から「小泉さんが首相になってG7

に出席されたら知的レベルの低さで恥をかくのではないか。（中略）それでもあえて総理を目指されますか」という際どい質問を受けました。

これに対して小泉さんは、「私に足りないところが多くあるのは事実。完璧ではないことも事実です。しかし、その足りないところを補ってくれるチーム、最高のチームをつくります」と回答しました。この切り返しのうまさが逆に小泉さんの株を上げることになりました。政治家に対してといえども、国民やメディアがどこまで（失礼に）笑い飛ばしていいのか考えさせられる記者会見でした。

そういう意味では、ユーモアとしてあまり無理をしすぎないことが大事ではないでしょうか。**危険なゾーンやグレーゾーンを避けながら、やわらかく、どれだけ笑いをとれるのか、技術の勝負になってきています。**

その点では、クドカン脚本の『不適切にもほどがある！』*（ＴＢＳ系）のように「不適切だが、仮にこうだったとしたら」という一種の仕掛けのなかに入れて扱う方法があります。

最近、『8時だョ！ 全員集合』が再放送されたときにも、ラジオ・テレビ欄に「今の時代の常識とはズレていて不適切ですが面白い」みたいな前置きが書いてありました。

＊『不適切にもほどがある！』　ＴＢＳ系2024年ドラマ、全10話。宮藤官九郎脚本、阿部サダヲ主演。ギャラクシー賞テレビ部門特別賞ほか。2024年ユーキャン新語・流行語大賞年間大賞「ふてほど（略称）」。ネット配信、ＤＶＤ等。

02 ユーモアは何もないところから生み出すものという誤解

●チャップリンに見習うズラシのユーモア

ユーモアを無から生み出す特別な才能であると思うのは誤解です。

ユーモアというのは、たいてい下敷きになっているものがあり、何かをアレンジして面白くなっているるということです。

第1章で紹介した落語『たらちね』も上流社会の言葉遣いをズラしたところが面白いですし、元のストーリーがあれば、それを下敷きにしてギャグ作品もできやすいので、**常にベースになるものを意識する**ことが大事です。

単純に言うと、服装をズラすだけで笑いが起きたりします。

チャップリンといえば、ちょびヒゲで、山高帽をかぶってダボダボの服を着てブカブカのズボンと靴でステッキを振りまわしている姿が目に浮かびますね。

あれは「チャーリー」という自身のキャラクターです。『チャップリン自伝』（新潮社）によれば、衣装部屋で適当にやっていたら、あのスタイルができあがって、これはイケると思ったらしいです。

体に対して、何かがものすごく小さいとか大きいというのは、それだけで面白いですね。この**ズレが笑いになる**わけです。

チャップリンの笑いには、いろいろな面白いパターンがあります。おなかがすきすぎて靴を食べるという単純な笑いもありますし、笑ったあとに心が満たされる情緒のある笑いもあります。また、今の笑いになるかはわかりませんが、風刺的な笑いとして〝社会を見る角度〟があります。

映画『モダン・タイムス』[*1]では、巨大な製鉄工場でベルトコンベアーを流れるネジをずっと回しつづけていたら、ネジを回す手の動きが止まらなくなってしまい、街に出たら女性の胸に対しても、その手の動きが出てしまうシーンがありました。

それは、機械のように同じ単純作業ばかりやらされていると、それが体に染みついてとれなくなってしまうという社会風刺です。機械化されすぎて労働者の個人の尊厳

*1『モダン・タイムス』 1936年、音楽付サイレント作品。 *2『独裁者』 1940年、完全トーキー作品。ともにアメリカ映画、チャップリンが監督・脚本・製作・作曲・主演を務める傑作。ネット配信、DVD等。

が失われたモダンな時代に対する批判となっています。

あるいは映画『独裁者』[*2]では、ヒトラーを模した独裁者が出てきて、地球儀の風船をポンポンもてあそび、世界をおもちゃにする様子を風刺して、最後は独裁者と間違われた床屋が自由と人種の壁を越えた融和を訴えるすごく感動的なスピーチを行います。これは、ジョークでも何でもない本気の独裁者だったヒトラー自体を笑い飛ばす映画をつくっているということです。

もう一つ、戦前にアメリカで活躍した「マルクス兄弟」のスラップスティック（ドタバタ喜劇）があります。そのナンセンスでスピーディーなギャグは、くだらないけれども差別をしない笑いとして、日本のコメディ界にも大きな影響を与えました。

イギリスを代表するコメディグループ「モンティ・パイソン」のＤＶＤを観てもらうと「いろいろなものをパロディにして笑うんだ」と、笑いにも違った質があることをわかっていただけると思います。

深刻なストーリーでも笑いが起きるということでは、韓国ドラマ『愛の不時着』[*3]がありますす。北朝鮮と韓国の両方の社会を描いていて、その認識のズレが笑いを起こすのですが、やはり北朝鮮の井戸端会議みたいなところで笑えてしまいます。

*3『愛の不時着』　2019年ネットフリックス。韓国テレビドラマ。世界的にヒットしたラブコメディ。「東京ドラマアウォード2020」海外ドラマ特別賞ほか。舞台にもなっている。ネット配信、ＤＶＤ等。136ページでも紹介。

これもぜひ観ていただきたいのですが、アメリカのミステリー・コメディドラマ『名探偵モンク』[*1]のDVDシリーズを紹介しましょう。

妻を殺されたモンク刑事は、その犯人を検挙することができず、強迫性障害が深刻となって3年間休職後、私立探偵となって神経症を抱えながら事件を解決していくストーリーです。神経症でこれもできない、あれもできないというところが面白さにつながっています。これを観ていると、むしろこういう笑いがあってこそ上質な文化であり、深刻なだけだと物足りなく思えるほどです。緊迫するものでも、どこかにちょっと知的で笑える要素が入っているのがいいのではないかと思います。

国内のドラマにもいろいろなヒット作がありますが、**笑いを含んでいる作品については、とりわけ称賛してほしい**と思います。

新庄耕さんの小説を原作としたネットフリックスの配信ドラマ『地面師たち』[*2]は、全編けっこうこわい場面が続き、悪いやつらばかり出てくるのですが、そのところどころでちょっと笑える場面があります。

尼さんの変装用カツラがズレていく場面だったり、地面師の標的となる青柳隆史

*1『名探偵モンク』　アメリカのケーブルテレビドラマ。2002〜2009年放映。シーズン8。コメディ・ミステリー1話完結型連続ドラマ。世界40カ国以上で放映。エミー賞、ゴールデングローブ賞ほか。ネット配信、DVD等。

（山本耕史さん）が追い詰められていく場面だったり、かわいそうですが、つい笑ってしまいます。

70ページで紹介した『新宿野戦病院』でも、脚本のクドカンがチャレンジして昭和のような笑いを持ってきています。最後に未知のウイルスが流行して「もうダメだ、病院が足りない」となったときに、風俗王が「うちのソープを開放する」と言って「ソープか！　全部個室になっているじゃないか」みたいな描写があって、スケベ椅子みたいなものも出てきて、放映ＯＫギリギリの線で爆笑をさらいます。それはふつうのドラマではありえない場面ですが、ウイルス感染を防ぐ部屋として笑いの文脈をそこでつくるんだみたいなクドカンの踏み込みは大したものだと思います。

こういう喜劇作家、脚本家はもう本当に尊重されるべきものです。

常識をズラしていくことがユーモアになります。元の常識があるから常識外れがわかる。常識外れのユーモアは、単に常識がないことではありません。

*2『地面師たち』　2024年ネットフリックス。新庄耕原作、大根仁監督、綾野剛主演。2017年に起きた積水ハウス地面師詐欺事件をモデルとしている。2024年ユーキャン新語・流行語大賞トップテン「もうええでしょう」。ＤＶＤ等、集英社文庫。

●元を知っていれば、それをズラせばいい

お笑いのズラシは習得していけるものなので、ぜひ勉強してみてください。

たとえば、「ことわざ」をもじる方法があります。

笑いではありませんが、「論より証拠」ということわざをもじって「論よりアイデア」と言ったとき、みんながその元を知っているので「ああ、そうか」となります。

コツは、元を知っている人に言うことです。

世界史がわかる人同士ならば、「賽は投げられた」と言うだけで「ああ、カエサルだよね」ということでアレンジすら必要ありません。紀元前、共和政ローマの属州ガリア総督のカエサルが元老院と対決する覚悟を決めたのが「賽は投げられた」と言う場面です。

共和政ローマは当時、ルビコン川をはさんで南部の本土と、北部の属州ガリアに分けられており、ガリアから軍を率いて南下することはローマに対する反逆とみなされました。これを知っていれば、何か勇気が必要な決断をするときに「賽は投げられた」「ルビコン川を渡る」と言うと、それだけで状況が変わることがわかります。

あるいは「ほとんどカノッサの屈辱状態だったよ」と言うと笑いが起きるのは、世界史を知っている人同士の笑いですね。

理系の人は理系の知識で、それをアレンジして笑いあいます。

「これじゃあ、○○と△△の化学反応だね」――理系の人は爆笑、文系の人はポカンと見ているみたいな仲間内で笑える笑いでもいいから、そういうものをやっていく。

使う言葉の場面を変えるだけで笑えます。このようなズラシは練習で習得できます。

私は授業でコントをつくる練習を全員に、延べ何百人何千人とやってもらっていますからわかります。自分は笑いの神さまにまったく愛されていないと思っている学生が半分以上ですが、結局はけっこう笑えるものをつくってくれます。

03 ユーモア・センスは面白いことを見つけること

●面白いことはメモに残す

ユーモア・センスというのは、まず、「あっ、これは面白い」と反応できることです。これが面白いとわかるだけで天と地ほどの違いがあります。気がつかないのはもったいない。面白さを見つける努力をするだけでセンスが磨かれます。

ネットニュースを見ていても、いろいろ面白い記述があります。

たとえば、登録身長220センチの中国女子バスケットボールのチャン・ツーユー選手は、「228センチという報道があるけど」と言う報道陣に対して、「そこまではありませんよ。せいぜい223か224センチです」と答えたそうです。

みなさんが思っているほど高くないと言いながら、「せいぜい224センチ」というのがジョークですね。

ＭＬＢ（メジャー・リーグ・ベースボール）シカゴ・カブスの今永昇太投手も受け答えが上手で、常にインタビューで外国人を笑わせています。

「今永選手が監督ならばどういうふうに日本人オールスターズをつくりますか」と聞かれて「すべてのポジションに大谷翔平を配置します」というように、頭がいいので、いちいちジョークで返します。

また、今永投手は「マイク今永２世」と名乗り、ロッカーの名札も「Mike Imanaga II」に変更されています。ファストフードの店員さんが誰も「イマナガ」と発音をしてくれないため、「マイク」にしたのだそうです。

笑いがあることで愛されるということです。

こうした**ユーモアをメモ帳やスマホに残す**といいと思います。面白いものを見つけ、溜めていくことが大事です。

●古典からユーモアを見つける

まずは、福澤諭吉の『女大学評論《おんなだいがく》』を紹介しましょう。

『女大学』というのは、もともと江戸中期に儒学者の貝原益軒《かいばらえきけん》が書いたもので、女性はこうあらねばならないという女性の道徳集です。

福澤は慶應義塾の創設者として有名ですが、明治維新後、欧米諸国の女性解放思想をいち早く日本に紹介した人物であり、『女大学』を批判して書いたのが『女大学評論』です。

『女大学』では、「女は三界《さんがい》に家なし」として、女性は幼少のときは親に、嫁に行ってからは夫に、老いては子どもに従うものであるから、浮気をしてはいけない、何をしてはいけないということがツラツラと書いてあります。ちなみに「三界」とは仏教語で、欲界・色界・無色界をいい、つまり女性は全世界のどこにも身を落ち着ける場所がないというわけです。

「えー、女だけ、そうしなきゃいけないの。ちょっと変だよね」ということで、福澤は、「もしこれが男だったら」という発想で男女を入れ替えて書いています。原文のままでは読みにくいため、巻末に現代語訳を掲載しています。女性差別に対する提言として面白いので、ぜひご覧ください。

福澤は非常にユーモア・センスがあり、もう一つ、『福翁自伝』にある「遊女の偽手紙」というエピソードを紹介しましょう。

手塚良庵（のち良仙）という塾生が遊び歩いてばかりで勉強をしないため、福澤は手塚から「今後は勉強する。約束を破れば坊主頭になってもよい」という証文をとりました。それから手塚は熱心に勉強するようになったものの、それでは面白くないと、福澤たちは手塚の馴染みの遊女になりすまして手紙を書きました。その手紙を読んだ手塚がそわそわして塾を抜け出すと、福澤はハサミを持って帰りを待ちかまえ、そこへ帰ってきた手塚の前に「まぁまぁ」と仲裁者が現れて（もちろん福澤の仲間）、手塚は坊主頭になる代わりに酒と鶏を奢らされる羽目になったという話です。

なお、この手塚とは、漫画家の手塚治虫の曾祖父にあたるそうです。

●誰かの面白い話を上手に語る

SNSでも爆笑ネタを書いているセンスのいい人がいるので、そういうものを見つけてきて紹介するだけでもいいと思います。

たとえばユーチューブを見ていたら、歌手のａｉｋｏ（アイコ）さんがスピッツの

『チェリー』を歌っていました。１番は原曲どおり、すごく上手に歌っていましたが、2番からは原曲に対するリスペクトがありつつもアレンジがきつくなって、もうぜんぜん違うａｉｋｏさんの曲のような感じで、こんなに変わってしまうのかと驚くほどです。それに対するコメントに、「ノブ」というハンドルネームで「ああ、クセ、クセ」と書いている人がいました。ノブというのは、千鳥のノブさんのことでしょう。「クセがすごいんじゃ」というツッコミワードは『千鳥のクセスゴ！』（フジテレビ系）などバラエティ番組のタイトルになっていますね。

はたまた「守破離《しゅはり》」という言葉を使っているコメントもありました。原曲のテイストを守りながらも、破って、どんどんどんどん離れていくことを「守破離」という非常に高尚な言葉で評価していたり、「１番は曲紹介、２番は自己紹介」あるいは「この歌、チェリーという歌に似てますね」みたいなコメントがあったり、大喜利大会のようにコメントがどんどん面白くなっていきます。

ヨルシカのミュージック・ビデオ『だから僕は音楽を辞めた』のコメントでは、「あんたのせいだ」という歌詞に対して多数が「ごめん。俺のせいだ」と次々に書きこんでいくコメントの連鎖で、みんなが笑いあうのは温かい感じです。

2024パリ・オリンピックのときには、レポーターの松岡修造さんが熱すぎるみたいな批判がありました。そのなかに「松岡修造をパリに行かせているのは日本の暑さ対策」というコメントがあって思わず笑ってしまいました（修造さんとは知り合いなので許してくれるかなと思います）。

ベストは自分の体験談を話すことですが、誰かの面白い話でも大丈夫。

失敗談はあまり言うと最近は引かれるので自虐ブームはもう去った感じですが、ほかの人の話だとけっこううまくいきます。**面白い自分のエピソード・トークができない人は、「〇〇がこんなことを言っていたよ」と言って、みんなで笑う。その語りが上手であれば、いいわけです。**

●あだ名も一つのユーモア

あだ名というのは基本的に、名前をもじったり、性格や身体的な特徴をいじったりしてつけることが多いのですが、有吉弘行《ありよしひろいき》さんはピン芸人になって、絶妙なワード・

センスで面白いあだ名をつけて再ブレイクしました。

私は『アメトーーク！』（テレビ朝日系）で最初に有吉さんが品川祐《ひろし》さんを「おしゃべりクソ野郎」と名づけたときの放送を見ていました。「そのとおり！」と思ったものですから、とんでもなく笑ってしまいました。品川さんは芸人ですから、そう言われて美味しいところもあるわけです。

それからタモリさんを「昼メガネ」、和田アキ子さんを「リズム&暴力」、大沢あかねさんを「ブス界一の美女」、はるな愛さんを「コスプレおじさん」と言ってみたり、有吉さんは〝毒舌いじりキャラ〟として爆笑を呼びました。

しかし、時代は変わって、そのいじりがあまりウケなくなってきました。有吉さんはそれを見越したかのように、ＭＣ中心のお仕事に見事にキャリアアップしました。

「あだ名芸」はお笑い芸人のあいだでも難しくなっています。今は学校などでもあだ名禁止のところが多くなっています。

昔なら、天然パーマがかかっている同級生に対して、漫画『オバケのＱ太郎』に登場する〝ラーメン大好き小池さん〟から「ラーメン」のようなあだ名をつけて、本人も気に入り、みんな仲良しでした。

私は中学時代の友達のあいだでは、いまだに「ケン坊」と呼ばれています。私の名前にはケンという読みも漢字もまったく入っていませんが、中学1年のクラスで初めて一緒になった男子から「おまえのことをケン坊って呼んでいい？　なんかそう呼びたくなったから」と言われたのが始まりです。

その彼のあだ名は「タブー」でした。タブーというのも、よくわからないあだ名ですね。当時、『8時だョ！　全員集合』でパ〜パパパパパパみたいな音楽が流れて、ドリフターズのカトちゃん（加藤茶さん）が「ちょっとだけよ」と言ってストリッパーのマネをしていました。その『タブー』という曲があだ名の由来です。

私たち男子は小学校の謝恩会で、そのストリッパーのマネを、というよりはカトちゃんのマネをして、先生も保護者も大笑い。あの笑いも完全に昭和です。ゆるやかな時代でした。それで私は「タブーが言うなら、まぁいいよ」と言って、それからずっとケン坊と呼ばれているわけです。

ところが今の時代にあだ名は、いじめにつながるとして禁止されています。本人は笑っているけれども本当はイヤかもしれない。そう言われたら、それまでです。

今、学校ではすべての生徒を名字で呼び、やはり男女を区別するのはよくないということで、男子生徒に対しても「さん付け」に統一しようという流れがあります。

これに対して私はちょっと苦手ではありますが、時代の趨勢はそうなっています。

私は、そんな窮屈さにちょっぴり抗う気持ちもあり、大学の130人のクラスでこんな提案をしました。

「このクラスで呼ばれたい呼び名を、それぞれが自分で考えてくれ。それをキミたちのニックネームにしよう」

そうすると、みんな自分が呼ばれたい名前をさまざま言ってきます。

純粋な日本人なのに「ロビンソンって呼んでくれ」とか、自分が呼ばれたい名前を先に言えばいいわけです。「テキサス」とか「フライパン」とか「オムライス」とか、もう適当です。女子なのに「ムロツヨシと呼んでくれ」とか、**自分でつけるニックネームも一つのユーモア・センスです。**

それをみんなが愛称として使いあうことで親しみが生まれました。

第5章

すぐにできるユーモア力の育て方

01 ユーモア力を育てる道

本章は、ユーモア力を育てるための実践編です。

ユーモアや笑いを上手に組みこんで話せる人と、組みこめない人がいます。ユーモアを組みこめない人は、笑いの神さまに愛されていないと思っているかもしれませんが、そうではありません。私はユーモア力を育てる道があると思っています。

ユーモアを組みこんで話せる人は、その能力をどんどん伸ばしていただきたい。その道をお伝えします。

もう一方の、自分にはユーモアを言うことは向いていないと感じている人には、ほかの人のユーモアに対して大きく笑うことで貢献するという道があります。**ユーモアを言えなくても、ユーモアを愛することはできるわけです。**これが非常に大事なことで、どんなユーモアに対して笑うかが、ユーモア文化を育てます。

サッカーが成熟している国を例に言えば、フォワードが点を取ったときだけでなく、ミッドフィールダーがいい動きをしたときや、ディフェンダーの巧みな守備にも拍手を送ります。何を称賛するかが、その文化の分かれ目です。

ユーモア文化の分かれ目は、何に対して笑うか――。上手に笑うことができる人が多ければ多いほど、ユーモア文化が花開いているということです。ですからじつは、ユーモア文化の担い手は、ユーモアを受ける側、受け手といえます。

つまり、**笑う人がいてくれて笑いになる**ということです。練習すれば、誰でもかなりの程度、笑えるようになります。

授業で学生に「忘れてはいけない基礎的な教養をコントにしてきてくれ」と課題を出すと、学生は即座につくってきます。さすが明治大学、ビートたけしさんの母校であり、オリエンタルラジオの藤森慎吾さんや立川志の輔さんを輩出している大学です。

明治大学の私の教え子なら、どんな無茶ぶりでも大丈夫ですが、初対面の鹿児島の中学生らに重力波の話をしたときも、「『ショートコント重力波』をやってくれ」と無茶ぶりしてみると、初めて聞いたにもかかわらず一生懸命にコントにしてくれました。

２０１７年に、「アインシュタインが予言した重力波を観測することに成功したアメリカ人研究者がノーベル物理学賞をもらったんだよ」という話を中学生の前でしたときのことです。

中学生はもちろん、重力波が何であるか知りません。私は「ブラックホール同士がぶつかると、時空の歪みが波になって宇宙全体に伝わっていく。それを100年前にアインシュタインが重力波と呼んだが、まだ証明されていなかった。それが、なんと100年経って証明されたということなんだ。すごいねぇ」と説明して「今から二人一組で『ショートコント重力波』をやってくれ」と言ったわけです。

すると男女のペアが前に出てきて、体をぶつけあい、女子が全身を波打たせながら移動していくというコントをやってくれました。これを見て私は、中学生でも初めて聞いたアインシュタインの重力波の話を、誰も傷つけない素晴らしいコントにできるんだとユーモアに対する可能性を感じました。

02 ユーモアを聞く力の育て方

●笑うことは礼儀である

私は夏期講習で3日間の集中授業をやることがあります。ある夏は130人が集まりました。その空間で、いかに爆笑を起こすかという研究をしたわけです。

まず、**ショートコントを見たら思いきり笑うことが礼儀である**ということを徹底させます。そこで、笑うタイミングの練習として「私が左の手のひらを開いたら笑う」というルールを決めます。そして最後はスタンディングオベーションで終わります。

ショートコントの内容は、教師を目指す学生たちですから中学・高校の教科からつくり、理数系なら「ショートコント微分」「ショートコント積分」、文系なら「ショートコント関係代名詞」などをやるわけです。

そんなショートコントは見たことがないと思いますが、まず笑う練習をしてありますので、130人全員が笑い、スタンディングオベーションまでしてくれます。みんな、これが快感になって次々と前に出てきてくれて時間が押してしまったので、ショートコントを動画にしてきてもらうことにしました。何を題材にしてもOK。条件は**知的かつユーモア**があることです。

すると、内容は数学だったり文学作品だったりさまざまですが、独裁者ヒトラーが怒鳴りながら演説している映画の字幕だけ変えてつくってくる人がけっこういたのには驚きました。

たとえば「ショートコント化学方程式」とすると、ヒトラーが聴衆を煽り立てるあの形相で必死になって化合物について説明している。それを想像していただくだけでも面白いと思いますが、当然、教室でもめちゃめちゃ笑いが起きるわけです。

危険人物として普段はヒトラーの名前を出すこともはばかられますが、あの顔で教科内容を真面目に語っているとすれば、滑稽さが際立ちます。みんな大爆笑です。

ヒトラー以外にも、猫がしゃべるなど、今は動画の材料がたくさんあります。そういうものを利用しながら、知的で笑いが起こるショートコント動画がたくさん発表されました。

最終日の感想文には「もう腹がよじれて死ぬかと思いました」「笑い死にしそうでした」とあり、3日間終わったときにはもう、みんな笑い疲れているほどです。

●オチがなくても笑う

三人一組でショートコントをやったとき、オチが見つからないこともあります。

その場合にどうするか――。

私は、アンガールズの「ジャンガジャンガ」がいいとひらめきました。あれを採り入れれば、オチがないときでもごまかせると。それで「ジャンガジャンガ」とやったら、みんなで笑って、スタンディングオベーションで終わろうと決めたのです。

そうしたらオチがなくて困ることがなくなりましたが、ネタを勝手に使っていていいのか（もちろん勝手に使っていいのですが）、ここは一つ、アンガールズに直接公認をいただこうということで、私はフジテレビのメイク室で田中卓志《たくし》さんにお会いしたときに思いきってお願いしました。

「じつは授業で、教科内容を学生にショートコントにしてもらっているんです。でも、みんなオチが難しいって言うんですよ。それで、『面白くなくてもとりあえずコントをつくって、最後にジャンガジャンガって言えばウケるんだから』と言ったら、あるグループが出てきて、最後にジャンガジャンガをやってウケたんですよ。それから毎回、みんなでやっているのですが、勝手に使っているので許可をいただいてもいいですかね」と言うと、「どうぞどうぞ」と言ってくださって、田中さんはそのやり取りを『小説新潮』のエッセイに書いてくれました。

そこには「ただ気になったのは『面白くなくてもとりあえずコント作って、最後にジャンガジャンガって言えばウケるんだから！』という言葉。（中略）短いコントを雑にジャンガジャンガで繋ぐことがある意味面白かったのだ。ジャンガジャンガには困った時に強引に笑いに持っていく救済措置的な要素も含まれていることを、言葉のプロである齋藤さんに言われて気づいた。本来の意図はわかる人にだけ伝わればいいのである。世の中から消え去ったジャンガジャンガは今、ひっそりと教育現場で役に立っている。」とありました。

そのやり取りがあり、「そういうことで私が田中さんに公認をもらってきたから」と学生に伝えると、これは使えるとみんな大爆笑してくれました。

それで味をしめて、困ったときに「なんて日だ！」と叫ぶのもいいなと考え、バイきんぐの小峠英二さんから公認をいただき、ダイアン*の津田さんからも「ゴイゴイスー」をいただき、お笑い芸人に会うたびに有名芸人の代名詞であるギャグを生徒が授業で使うことを公認していただいてきました。

そして、ビートたけしさんとも10年くらい毎週仕事をさせていただいていたので、番組出演が最後になるときに「コマネチ」の公認をいただきました。

そのとき、たけしさんは「せっかくなので」と、やり方まで教えてくれました。

「これはね、先生。コマネチだけじゃなくていいんですよ。グーテンベルクとか言葉を変えてもいいからね」と、そのとき、たしかにグーテンベルクとおっしゃいました。

そんなやり取りのなかで、すぐさま、中世ヨーロッパで活版印刷術を発明したグーテンベルクの名前が出てくるところがすごいですね。さすが、たけしさん！　教養があふれています。

コマネチの格好をしながら「グーテンベルク」が可能であれば、「産業革命」や「刀狩り」など、世界史や日本史や何でもできるわけです。

このように大物から次々と公認をいただき、およそ何でもいけるようになって、「オ

*ダイアン（お笑いコンビ）　ユースケ（ボケ・ネタ作成）1977年生まれ。津田《つだ》篤宏《あつひろ》（ツッコミ）1976年生まれ。ともに滋賀県出身。中学校同級生。2000年結成。2018年「上方漫才大賞」大賞。ゴイゴイスーは「すごい」の最上級。

チがなくても、これをやったら笑おうよ」というふうにしてあるので、受け手のリアクションがすごく上手になりました。

余談ですが、笑いを大きくするためだけに、いちいち本人から公認をもらうというやり方自体が、私のユーモア・センスです。この私の努力自体がバカバカしさに満ちているわけです。

03 ユーモアを言うコツ

お笑い芸人のように爆笑をとらなくても、フッと肩の力が抜ける程度でも大丈夫、「ユーモア＝お笑い」でなくてもかまいません。

ユーモアを上手に言うためには、「対比させる」「大げさにやる」「ほかの何かに例える」「すぐにウソだとわかるホラを吹く」「ノリツッコミをする」など、方法がいくつかあります。自分に合った方法でユーモアを交える力を高めていきましょう。

【対比させる】

2つのものを対比させて笑いをとっていく方法です。

真面目なものに対して、ちょっと面白いもの。本物に対して、モノマネ。

そういう**ズレやギャップを意識する**ことが一つです。

最初にスタンダードなものを見せて、次にズレたものをポンと出す、そのコントラストが笑いの基本になります。

たとえば、ピカソの『泣く女』の絵を初めて見た人は「なんじゃ、こりゃ」とびっくりしますが、先にふつうに泣いている女性の絵を見せてから「〝泣く女〟といえば、ピカソだとこうなります。ドン！」みたいに言うと、ドッと笑いが起きます。

また、それに近いですが、モナ・リザの絵も有名なので、何をどういじっても面白くできます。さまざまな格好をさせたり、モナ・リザのアレンジは数多くあります。

つまり、**対比させる元をみんなが知っていることが大事です。**


【大げさにやる】


「誇張する」というやり方です。これはモノマネや似顔絵の手法によくあります。

山藤章二さんの似顔絵塾のように、似顔絵が上手な人は**相手の特徴をとらえて、そこを拡大します。**ちょっと大げさにやるということです。

あるいは清水ミチコさんもそうですが、ただ似ているだけの歌マネではありません。大げさに特徴を誇張する似顔絵方式のモノマネです。

そしてモノマネをお笑いとして大きく変えたのはコロッケさんです。「ロボット五木ひろし」に代表されるように、**誇張がユーモアの要素**です。さらに美川憲一さんや、ちあきなおみさんなど、モノマネされた人がそれでまた人気が復活した例もあります。

【ほかの何かに例える】

「これじゃあ、まるで○○みたいだ」という比喩表現も効果があります。

酔っ払って大喜利をやる企画で、真面目にお酒を飲みすぎて潰れてしまったアンガールズの田中卓志さんを、千鳥のノブさんが突き放すように淡々と「田中さん、ジャンガジャンガやってよ」と言ったとき、麒麟の川島明さんが「シリ（Siri）みたいに言うなよ」と言った瞬間、ドカーンと笑いが来ました。

ノブさんが「田中さん」と名前を言ったのが、「Hey Siri、○○してよ」みたいだったのでしょう。アップル社のバーチャルアシスタントであるシリが出始めのころだったのですごくウケたということですね。

それを瞬間的に言うことは難しいですが、**「○○みたいだね」という比喩を練習するとイメージの練習になります。**比喩表現は文学者が得意なので、小説をいろいろ読んでいると勘どころがつかめると思います。

たとえば、村上春樹さんの長編小説『ノルウェイの森』（講談社）には、「どれくらい好きなの」「春の熊くらい好きだよ」みたいなセリフがありました。また、『夜のくもざる』（村上春樹文・安西水丸絵／新潮文庫）にも「夜中に一人で聞く汽笛と同じくらい君が好き」という面白い比喩があります。

【すぐにウソだとわかるホラを吹く】

みんながウソだとわかっていて笑える話をすることです。

「そんなやつ、おらんやろ～」とツッコミを入れる漫才もありましたが、大きなホラは面白いということです。

私は子どものころ、『ほらふき男爵の冒険』という児童書が大好きでした。

それは、18世紀に実在したドイツの貴族、ミュンヒハウゼン伯爵が自分の館に夜な夜な人を集めて語った冒険談をまとめたものです。あらすじを紹介しましょう。

「馬の尻尾につかまって空を飛んだ」「巨大な魚に呑みこまれて海底を探検した」などという男爵の奇想天外な話に惹かれた人々が男爵と一緒に旅に出て、人食いオオカミに襲われたり、海賊やドラゴンと戦ったり、男爵とともにさまざまな危機を乗り越えていきます。最後に男爵の話は作り話だったことが明かされますが、旅人たちは男爵をたたえて終わります。『ほらふき男爵の冒険』は多くの出版社から本が出ていますので、ぜひ読んでみてください。

もう一つ、大人向けに『仁義なきキリスト教史』（架神恭介著／ちくま文庫）という本を紹介します。キリスト教の初期の歴史について真面目に事実を押さえたうえで、すべて広島弁でヤクザの抗争のように描いています。

私は広島弁のヤクザ映画『仁義なき戦い』*を観ていましたので、『仁義なきキリスト教史』もイエスが広島弁でしゃべっているのが最高に面白くて笑ってしまいました。キリスト教徒の方には不謹慎ですが、ご寛容ください。

また、『ソクラテスの弁明 関西弁訳』（北口裕康翻訳／パルコ）という本もあります。こちらは大阪のおっちゃんがしゃべっているような感じです。

このように、**方言にアレンジするだけでも面白い**ということです。

【ノリツッコミをする】

笑いをとるには、ボケ役とツッコミ役がいるとやりやすい。ツッコミ役によって、

＊『仁義なき戦い』　東映映画。飯干晃一原作、深作欣二監督、菅原文太主演。広島抗争の当事者の一人である美能組組長の獄中手記を基にした1973〜1976年までの5部・番外編3部。他監督作品3部。角川文庫ほか、ネット配信、ＤＶＤ等。

さっきのはボケだったんだということがわかり、笑いが起きます。

では、一人の場合はどうするか――。**ボケて、ボケて、ボケて、自分でツッコミをする〝ノリツッコミ〟**という手法をとります。

ノリツッコミが得意なのは大阪の人です。たとえば大根を渡されたら、それをスマホに見立てて「もしもし」と、しばらく大根で電話をしてから「大根やないかい」と自分でツッコミを入れるのです。大根を渡されて、そのまま大根として扱ってはダメです。大根をバット代わりに振って、掛布雅之選手のマネをする（古いッ！）、今なら大谷翔平選手のマネをしたあとに「大根やないかい」と言うわけです。

そういう、しばらく相手の話に乗ってボケて自分でツッコミをするノリツッコミは今時、小学生でもやります。

大阪の子は、ボケの基本も、ツッコミの基本もできているということです。大阪には独特な笑いの文化があり、これはもう井原西鶴の時代から大阪の町で育まれた気楽な町人文化です。吉本興業がそこに拍車をかけて、「吉本新喜劇」というベタな笑いを見て育つという風土があります。

『にほんごであそぼ』を始めたころ、シェイクスピアを題材にした「ややこしや、ややこしや」というのを野村萬斎さんにやっていただいたことがあります。それを見た、大阪の3歳児が「おまえがややこしぃんや」とツッコんだという話を聞きました。さすが大阪です。

あるいは、大阪の芸人が言うには、**大阪の人はボケた瞬間に笑ってくれるが、東京の人はツッコミが入って初めて笑う**のだそうです。

たとえば、キャリーカートを押しているおばあさんのコントで、

「おばあさん、いろいろなものが入っているね。持つね」

「なんや、うちのベンツのことかぁ」

まず、おばあさんがボケるんですね。その瞬間、大阪の人は笑う。

けれども東京の人は、「ベンツあらへんがなぁ」というツッコミが入って初めて笑う。

それはどうしてか——。大阪ではボケるのが当たり前で、ボケこそが挑戦者だと思っていますから、ボケた瞬間にもう笑う。一方、東京にはボケるという文化がないので、常識的なツッコミ側に自分の身を置いていて、だからツッコミの常識的なコメントを聞いてホッとして笑いが出ます。

04 ユーモアを磨くためのステップ

●固定観念をなくす

「俯瞰して見る視点がユーモアである」と第2章で述べました。**笑いは、ふつうの視点ではこう見えているというものを、別の視点から見てみるところに生まれます。**すなわち、ものの見方を変えていくというのは、固定観念をなくすことです。

古代ギリシャの時代、**真理とは覆いを取り外したときに現れるもの**と考えられていました。固定観念とは〝覆い〟です。それを外すと何かが出てくるということです。

女子マラソンがオリンピックの正式種目として採用されたのは１９８４年ロサンゼルス大会です。それまでは、女性にはマラソンは危険であるという理由で、男子マラソンしかありませんでした。それから40年後、２０２４年シカゴ・マラソンでケニアの女子選手が2時間9分56秒の世界新記録で優勝しました。

2時間10分を切るというのは男子でもなかなか難しい記録ですが、女性には危険だという固定観念を取り外したら、女性の本当の力が出てきたということです。

あらゆるものに固定観念があります。なぜなら、毎日を常に新しい視点で生きようとすると混乱してしまいますので、固定観念の必要性があるわけです。

かつて男性が友人を名字で呼び捨てにすることはよくありましたが、女性が女性に対して名字で呼び捨てにすることはあまりなかったように思います。これは、男女の区別の固定観念でしょう。

それを山田邦子さんが番組中に女性の名字を呼び捨てにしたことから、それが流行したといわれています。今、あのちゃんは自分のことを「僕」と言っています。女性が「僕」という言葉を使ってもいいんだと新鮮で自由な感じがします。

それがすごく面白いかどうかは別として、自由の風が吹くというのは大事なことです。ドイツには「都市の空気は自由にする」ということわざがあります。このように、**もっとも不自由で笑いが起きないのは締めつけが厳しいときです。**

締めつけが厳しい場所の代表といえば、刑務所です。お笑い芸人の仕事のなかには刑務所や少年院などの慰問があるそうです。そこで受刑者にもっともウケるネタを決める『慰問ネタグランプリ！』という番組をＡＢＥＭＡ（アベマ）でやっていました。千鳥の大悟さんと、慰問経験者のドランクドラゴン（塚地武雅さんと鈴木拓さん）の３人を審査員として、満点を取ったのは、オール下ネタ漫才をやった見取り図*のコンビでした。

ドランクドラゴンの鈴木さんは、「行為中にタバコ吸うのはヤクザやないかい」みたいな、ヤクザという際どいワードに「ドッカーンと会場がぶっ壊れるくらいウケる」と大絶賛。地上波では絶対にできない下ネタやヤクザネタはＯＫでも、「脱走」「脱獄」というワードは慰問ネタでは絶対ＮＧとのことです。

普段はムダ口をきいてはいけない空間において漫才があると、そこでは笑っていいんだと自由な雰囲気になります。

笑いには自由な空気が非常に大事なので、決めつけていることを外していく。

息苦しい今の時代、その空間を自由にするような発想はないかなと一度、固定観念を外してみるのがいいことだと思います。

起業家のイーロン・マスクさんは、スターリンク（衛星インターネットサービス）

*見取り図（お笑いコンビ）　盛山《もりやま》晋太郎《しんたろう》（ツッコミ）1986年生まれ。大阪府出身。即興あるあるリズムネタ。リリー（ボケ）1984年生まれ。岡山県出身。即興似顔絵。2007年結成。「M-1グランプリ2020」決勝3位。2024年「上方漫才大賞」奨励賞。

の開発や有人宇宙船をＩＳＳ（国際宇宙ステーション）にドッキングさせるなど宇宙事業で成功を収めています。さらに「火星に住むならば電気自動車が必要だ」という発想からテスラの電気自動車開発に乗り出したといわれています。

そこには、クルマをつくるだけのビジネスから、クルマを軸に幅広いサービスを提供するビジネスへ大きく転換させようという意志を感じます。このように固定観念をなくしてみることで新たな面が見えてきます。

鵜呑みにしていることを入れ替えてみるというのも、いいやり方です。

単純ですが、先生と生徒が入れ替わってみると違った風景が見えてくるでしょう。テニススクールならば、コーチ役になると、自分はこんな格好で打っていたのか、こんな感じに見えているのかと気づきます。自分を客観視することでコントロールしやすくなります。**「そうなってみたならば」「こうであるならば」と常に自分の視点を変えることを習慣にするのです。**

「みんながAと考えているならば、自分はBでいこう」というように別の考えをすることは〝天の邪鬼〟といえるでしょう。ふつう、天の邪鬼的な性格はマイナスとされます。「やりなさい」と言われたら、やらないという面倒くさい性格です。

しかし、誰かが逆を言うことは、道化的な役割を果たし、全体を安全な道に導きます。みんながこう言っているとき、そうじゃないことを言う人がいる。そういうものが安全性には必要なのです。みんなが、ポピュリズム（大衆迎合主義）になだれこんでいくのは危険というわけです。

ユダヤ人の古い習慣では「全員一致の審判は無効」という考え方をするそうです。

私が中学生のときに読んだ『日本人とユダヤ人』という本にありました。評論家の山本七平さんがユダヤ人イザヤ・ベンダサンのペンネームで１９７０年に発表し、３００万部を超えたベストセラーです。

新約聖書にイエスへの死刑の判決は全員一致だったと記されているのは、おそらく、当時のキリスト教徒のほとんどがユダヤ人であり、新約聖書を書いた記者がイエスの処刑は違法だったと言いたかったからではないかというのが山本さんの考えです。

なぜならユダヤ人は、人間は全知全能の神ではないのだから、その決定が正しいならば反対者がいるはずで、全員一致は偏見か興奮の結果、または外部からの圧力以外にはありえないから、その決定は無効だと考えるというわけです。

日本では、全員一致がもっとも正しく、疑う余地のないものと考えますが、私はユダヤ人の全員一致は無効という考え方が健全に思えます。

霜降り明星*の粗品さんはユーチューブ・チャンネルで「1人賛否」というコントをやっています。このように一人で賛成と反対の両方を言うというのは、固定観念をなくすものの見方として面白く、笑いのためにも有効です。

●観察力を磨き、気づきを得る

『ナニコレ珍百景』（テレビ朝日系）という番組がずいぶん長く続いています。

この番組は「あれ？　なぜ、こんなところにこんなものがあるんだろう」というものを写真に撮って紹介する路上観察学がもとになっています。

路上観察学というのは、建物の一部や看板、張り紙など、通常は景観とは見なされないものを観察・鑑賞することです。1986年に筑摩書房編集者の松田哲夫さんが提唱し、赤瀬川原平さんら、特異なものを収集する文筆家・美術家・漫画家などで構成する路上観察学会を設立。翌年、出入口がない取り残された階段など、その役にた

＊ **霜降り明星（お笑いコンビ）**　せいや（ボケ）1992年生まれ。粗品《そしな》（ツッコミ）1993年生まれ。ともに大阪府出身。高校時代に出会う。2013年結成。「M-1グランプリ2018」優勝。2019年東京進出。2025年「上方漫才協会大賞」特別功労賞。

たなさ・非実用性において芸術よりももっと芸術らしいものを「超芸術」と呼んで、『超芸術トマソン』を出版したことで注目されました。

そういうふうに、何か面白いこと、変わったことはないかなと路上を観察していると、「これ、写真に撮っておこう」というものが見つかります。私が子どものころ、静岡の実家の向かいに3階建てのビルがあり、なぜかビルの屋上に車がのっていて、面白いから写真に撮ったことがあります。

面白さに気づくことがユーモアの基本です。観察していると気づきが得られやすい。

張り紙などにちょっと面白い誤字がよくありますが、先日は、壁に彫りこまれて永遠に残る誤字の写真がインスタグラムにアップされて、みんなを笑わせていました。

このように「あれ？　いつもと違うな」とちょっと気づいた面白いことを言ってみることです。面白いことを思いつく才能がなくても、面白さに気づくことはできます。

さまざまなことに気づくのは大事なことです。

たとえば「フォーカシング」という心理療法があります。

これはユージン・ジェンドリンというアメリカの心理学者が提唱したもので、自分の心や体に何か普段と違う感じがあったら、そこに焦点を当てて、その感覚にぴったり当てはまる言葉を見つけ出していくことで改善をはかる療法です。

自分が何を考えているのか、自分でもわからないときがありますね。簡単に言うと、モヤモヤするときです。専門用語で「フェルトセンス」といいますが、フェルト（felt）はフィール（feel＝心で感じる）の過去分詞であり、直訳すると「感じられた感覚」ということになります。

モヤモヤするときには、心に何か引っかかっているわけです。そこで自分の心に焦点を当てて、言葉にならない感覚を温めながら考えを進めていくと「引っかかりの原因はこれだったんだ」「あの心配ごとで全部イヤになっていたんだな」というように気づくことがあります。

体のほうが心よりも敏感な面があります。たとえば、デートの前になぜか、おなかが痛くなる。これはもしかして、本当は相手に会いたくないのかもと思って考えてみたら、「ぜんぜん会いたくなかった」と改めて自分の気持ちに気づいたという話を聞いたことがあります。

頭ではこうしなければと思っていても、それができなくなってくるというのは、体のほうが危険をあらかじめ察知しているということです。

たとえば、台風が近づいて気圧が下がると体が重いみたいなことがありますね。それは体が気候と連動しているからです。頭というのはどんなときでも「2×2＝4」と考えるように安定した面がありますが、体は周りの状況に影響されます。

そこで、**身体感覚を研ぎ澄ませて発想していく観察法もあります。**


身体の次元と、もう一つ「気」という次元があります。「気配」「気合を入れる」「気がゆるむ」「殺気を感じる」など、「気」がつく言葉がたくさんあります。

昭和の時代の評論家で国立国会図書館副館長を務めた中井正一《まさかず》さんは、江戸時代の浄瑠璃に登場する「気」がつく言葉を調べました。それを見ると、今よりも数が多く、「気」がカバーする範囲も広い。江戸時代の人にとって身近なものであり、昔はこんなにも「気」というものを意識して生活していたということがわかります。

「気」とは、人や物が発するエネルギーのようなもので、「オーラ」と言ってもいいでしょう。私たちは「元気ですか」とよく聞きますが、今日はあまり「気」が出ていないなというときと、今日は出ているなというときがあります。活気がある・ないともいいますが、様子を見るとわかります。声も「気」と連動していますので、声に張りがあったら「気」が出ている感じがします。

自分の「気」をセンサーとして言葉にしていく観察法も有効です。

私は気功法を習っていたことがあります。気功法とは、体内の「気」を流す練習です。中医学をもとにした健康法として太極拳などの武術とも結びついています。気功法や太極拳をやると「気」の感覚がわかるようになります。

良い意味で「気」をゆるませてくれるものを敏感に感じとれるようになると、リラックスできます。たとえば、会社帰りに公園に行って、このベンチに座ると張り詰めた気持ちがほぐれるというような瞬間を見つけるのもいいでしょう。歩くと、自分の「気」が変わってくることもあります。

私が話を聞いたある社長は、いろいろ難しい問題があるときに、長距離を歩いて海まで行って帰ってくると、なんとなく自分のなかで納得のいく答えが見つかるとおっしゃっていました。面白いものを探して散歩するのもいいと思います。

私は大学で、出席をとる代わりに、１人ずつごく短く近況報告をしてもらいます。

そのとき、ライブ鑑賞の話をする学生がけっこういます。「ものすごく泣けて、その後6時間、カラオケで歌いつづけました」などと言うと、ほかの学生たちもライブの話を始めます。

観察＋普段と違うイベント的なことをやってみると「気」が変わってくるので、ちょっと面白い人間になってきます。

ライブに行って元気になれるのならば、行ったほうがいいと思います。「先日、大阪まで初音ミクのライブに行ってきた」という学生がいて、「ものすごく元気をもらったので、しばらくはやっていけそうです」と言っていました。相手は人間である必要もないのかもしれません。

●頭のなかの引き出しを増やす

何かを見れば、何かを思い出すというのが、人間の発想の基本です。

インスピレーションは何かに触発されて生まれます。つまり、アイデアというのは何かと何かが結びつくことです。

ならば、頭のなかの引き出しが多いほうがいいわけです。本を読んだり、映画を観たり、ラジオを聞いたりして面白い情報を得たら、メモしておきましょう。

私はユーチューブをよく見ますが、麒麟の川島さんの「ツッコミ・ベスト10」みたいな動画がありました。

「この写真を見て一言」という大喜利のお題で、黒猫が毛を逆立てて威嚇するように怒っている写真があったら、みなさんはどんな一言を思いつくでしょうか。

「よく来たな、佐川急便」と川島さんは言ったのです。

黒猫は、クロネコヤマト。佐々木小次郎の「よく来たな、武蔵」みたいに一騎打ちで対決するために戦いの準備万端で待っていた状態として見たのです。

私は、これはネタになると思って即座にメモしました。

また、最後を民話風に「〜だったとさ」で終わってくださいという大喜利がありました。お題は「長風呂太郎」。

「気がついたら1週間経っていたとさ」みたいなものでいいのですが、そこで川島さんが言ったのは「長風呂太郎が風呂から出たとき、スペインでは……」。

ここまでで、みなさん、想像がつくでしょうか。

「スペインではサグラダ・ファミリアが完成したとさ」

サグラダ・ファミリアは世界遺産にも登録されている、アントニ・ガウディが設計した未完成作品です。私も見に行きましたが、なかなか完成しない。これを知らないと笑えないのですが、まだまだ長くかかっているので長風呂太郎ということですね。

そういう面白いことを思いつけないとしても、**メモしておくと頭のなかの引き出しにきちんと収納されます。**ただ見ただけでは引き出しに収まりません。

本を読んで、「どんな本なんだ」と聞かれて「ちょっと思い出せない」というのは、読んでいないのと同じと私は解釈します。たとえ最初のほうしか読んでいないとしても、それを引用できればいいのです。

授業でドストエフスキーの長編小説『罪と罰』を題材に読書会をやったとき、ある学生が「考えごとが仕事だっていうのは危ないなと思う」と書いていて、私はクスッと笑ってしまいました。

『罪と罰』の最初のほうを読むと、主人公の青年ラスコーリニコフは毎日ダラダラしている。「何をしてるの?」と聞かれて「仕事だよ」と答え、「仕事してないじゃないの」と言われると「いや、考えごとだよ」と言う。実際、そこからラスコーリニコフは老婆殺しをするわけですが、読んだ学生は、何もせずにボーッとしている危険人物と思ったのでしょう。そこまでの50ページしか読んでいなくても堂々と読書会に参加して話をしています。

また、『罪と罰』にはマルメラードフという酒好きの下級役人が出てきます。マルメラードフが、ラスコーリニコフに出会って「学生さん、うちへおいでよ」と言って家へ連れていくと、奥さんが「この亭主は私の靴下まで飲んじゃったんだからね」と言って、ものすごく怒っている。

靴下を買うお金まで全部お酒に使ってしまったという意味で、奥さんに髪の毛を引きずられて怒られているマルメラードフの「これが、う、うれしいんだよ、学生さん」というセリフが爆笑ポイントです。そこを紹介すると、「う、うれしいんだよ、学生さん」という文字をTシャツにする学生が現れました。

私は、面白いと思ったものをTシャツにするというのは気が利いていると感心しました。Tシャツを見た人に「『罪と罰』に登場するセリフだよ」と言ったら、「どんな本?」と興味を持ってもらえるでしょう。

文学でも、面白いなと思ったものは手帳などにメモする。私はスマホのメモ機能も使っています。頭のなかですべてを整理することはできないので、メモは非常に大事です。そして「この話は、これとこれに使えるかもしれないな」みたいに2つくらい名札をつけておくと、あとで取り出しやすくなります。

ネットでも面白いものがあったら、それをメモしておき、**できるだけ「間《ま》」を置かず、まだ熱を持っているうちに人に話すといいでしょう。**

一、二度、人に話してみれば、自分の持ちネタになります。

普段からネタを話せる相手がいるといちばんいい。お互いにそんなに面白くなくても気兼ねなく話せる相手ということです。テニスでラリーの練習をするようなもので、同じくらいの技量同士で、最近読んだ本や観た映画、ドラマの話をしあうことでインプットされます。

また、ドラマなども、そのときに旬のものを観ておくといい。

韓国ドラマ『愛の不時着』が配信された当初、私はテレビ局の控室で「みんな、いったい何の話をしているんだろう」と、話についていけませんでした。まだネットフリックス加入者がそれほどいない時期でしたが、テレビ業界は早かったのです。

私はすぐにネットフリックスに加入し、『愛の不時着』を観ました。北朝鮮の人たちの習慣がふつうではなさすぎて面白かったです。そこで「ヨシンモリ巻き」という、日本語に直訳すると「女神ヘア」みたいなものが流行しましたね。

最近では『極悪女王』*などがありますが、**人に話したくなったり、人が話しているものを旬のときに採り入れていくと、ホットで使いやすい**ということです。

『極悪女王』を観ると、「昔、女子プロレスで、クラッシュギャルズやビューティーペアがすごく盛り上がっていたね」と中高年の男女もけっこう盛り上がれます。クドカン脚本の『不適切にもほどがある！』のような、昔を知っていることで話題が共有できるという面を、ネットフリックスは狙ってつくっていると思います。

また、私が先日出演した『全力！脱力タイムズ』は、本物のダンプ松本さんが現れて竹刀を持って暴れまわるという仕掛けでした。それも『極悪女王』が旬のときだったので面白いわけです。

「あぁ、あったね」と思い出すことも面白いですが、流行りものにはとりあえず目を通すのが得策です。

テレビドラマはワンクールで終わってしまいます。ワンクールというのは、連続番組の放送期間の単位で約3か月です。全部を観る必要はないので、話題のドラマが終

＊『極悪女王』　2024年ネットフリックス。鈴木おさむ企画・脚本、ゆりやんレトリィバァ主演。タイトルは1980年代の女子プロブームを牽引したヒール「ダンプ松本」の愛称。ライバルのクラッシュギャルズは唐田えりかと剛力彩芽。DVD等。

わってしまう前についていくというのも話題の合わせ方です。私は、ドラマを最後まで観るのはワンクールに2本くらいです。

観ていない人を排除してはいけませんけれども、**わかっている者同士の笑い**というのもあります。**ベースになるものを共有していく笑いです。**

92ページで紹介した『地面師たち』の「死人がゴロゴロ出るような」や「もうええでしょう」というセリフで笑える人たちは、文脈関係なしでそのセリフを言って永遠に笑うことができます。それは、語彙《ごい》力、表現力という点でも同じです。

みんなが知っているものをアレンジすると話が早い。

便利なのは、みんなが知っている映画『タイタニック』*みたいなものです。

一人が両腕を広げて立ち、もうひとりが後ろから支える格好だけで、もう『タイタニック』のアレンジだとわかります。船の舳先でディカプリオがヒロインを支える名シーンですね。

もう一つ『タイタニック』関連で言うと、「三三七拍子で映画の紹介をしてください」という大喜利のお題に、麒麟の川島さんはパッと「フネガ シズム オトコマエ シヌ」と言いました。こんなに短いのに、みんなが『タイタニック』だとわかったとこ

*『タイタニック』 1997年公開。ジェームズ・キャメロン監督・脚本、レオナルド・ディカプリオ主演。1912年のタイタニック号沈没事故を題材としたラブストーリー。アカデミー賞11部門受賞。ネット配信、DVD等。

ろに笑えます。

漫画が映画化されることもよくあります。

『カラオケ行こ！』*という映画は、組長がカラオケ好きで、カラオケをうまく歌えないと「歌ヘタ王」の入れ墨を入れられるということで、ヤクザが合唱部の部長である中学生を拉致してカラオケルームで歌を教わるという話です。

ヤクザ役の綾野剛さんがＸ ＪＡＰＡＮの『紅《くれない》』という曲を何度も何度も歌い、「紅だ」と叫ぶ場面の連発を観ているだけで笑えます。その映画を観ていると、カラオケで『紅』を歌いたくなります。

また、アニメは観ないけれども漫画ならいいという人、漫画より、むしろ本のほうが読みやすいという人もいますし、ライブに行くとほぐれるという人もいます。そういうふうにいろいろなところにアンテナを張りながら、人が面白いと言ったら、すぐに観たり読んだりしてみるのがいいと思います。そのように頭のなかの引き出しを増やしてください。

＊『カラオケ行こ！』　和山やま作漫画、KADOKAWA、2020年刊行全１巻。中学生とヤクザの交流をコミカルに描いた漫画。2024年映画公開。野木亜紀子脚本、綾野剛主演。日本アカデミー賞4部門受賞。ネット配信、ＤＶＤ等。

●言葉の教養を身につける

最後に、私がみなさんにたどっていただきたい道は、**言葉の面白さを磨く**ことです。**言葉はアレンジすることで面白くなります。**みんなが言葉の教養を増やしていくことで笑いが起きる社会にしていきたいというのが私の願いです。

私は大学の授業で、どんな知識でもコントにできることを目指しています。そこで突如、基礎的な学習のなかでもっとも面白くない知識をコントにしたらどうだろうと思いつきました。

それほど使う場面がないのに絶対に覚えなければいけない知識に、英語の三人称単数現在形のｓ（以下、３単現ｓ）があります。

He play tennis. は間違いで、He plays tennis. としなければいけない。

私は中学時代にｓを付け忘れて減点されて「もう絶対に３単現ｓを忘れないぞ」と心に刻んだ記憶があります。

そこで学生に「面白くないけれども知識として覚えなきゃいけない３単現ｓを二度と忘れないようにするコントを今すぐ考えてくれ」と言うと、即座に「できました」

と音楽を流して3単現ｓのミュージカルをやってくれたグループがありました。

男性4人と女性1人のグループで、女性がｓちゃんという設定です。一人目のＩ君が「I love」と言って告白すると、ｓちゃんは「ごめんなさい」。Ｙｏｕ君が「You love」と言うと、また「ごめんなさい」。Ｔｈｅｙ君が「They love」と言っても「ごめんなさい」。次にＨｅ君が「He love」と言った瞬間にｓちゃんが「He loves」と言って手を握ってＯＫのサインを出し、ホイットニー・ヒューストンの『オールウェイズ・ラヴ・ユー』の曲が流れるというものでした。

英語専攻の学生ばかりではありませんが、これを即座につくれること、しかも誰も傷つけない笑いになっていることに感心しました。

また別のグループは「宅配便3単現ｓ」のコントをやってくれました。

それは、宅配便の配達員が「ｓをお届けに上がりました。ｐｌａｙさんのお宅ですかー」と来て「はい、ハンコ。ご苦労さま」みたいにして、次にｇｏさんのお宅へ行って「ｓをお届けに上がりました」と言うと、ｇｏさんが「ごめんなさいね。うちはｓだけだと受け取れなくって、esじゃないとダメなのよね」と言うので、「そうなんですか」とesを取りに行ってハンコをもらい、ｓとesを持ったからもう大丈夫だなと思って次にｓｔｕｄｙさんのお宅へ行くと、ｓｔｕｄｙさんは「ごめんなさいね、うちはiesじゃないと受け取れないの」と言うコントです。studyになるとyをiに変えてstudiesになるというなかなかレベルの高い内容ですが、これを宅配便の場面に設定したというところがうまいですね。まさか3単現ｓを宅配便にするとは。おそらく中学生にこのショートコントを見せたら、絶対にstudiesを忘れないと思います。

日本文学専攻の学生であれば、古文の教科書に載っている『源氏物語』若紫の巻から、光源氏が少女である紫の上を見そめた運命的な出逢いの場面で「ショートコント源氏物語」をやってもらいます。

幼い少女を半ば誘拐のように自宅に連れ帰り、自分好みの女性に育てようと考えた光源氏は、今から見るとロリコンです。そう言われても光源氏が傷つくことはないので、コントでロリコンとして扱う分には笑いが起きます。

『源氏物語』の紫式部の著作権ももうないですし、**古典を題材にした場合には誰も傷つけず、たいていの笑いが許されます。**

先日は、全五十四帖をコントにしてもらい、壮絶な笑いの時間となりました。

　ある日、「授業中にスマホをいじるのは、調べていたんだといくら弁明しようが遊んでいるように勘違いされる。それは〝李下《りか》に冠を正さず〟だよね」と話したのですが、「李下に冠を正さず」という故事成語を知らない学生には通じません。その意味を理解するには古典の教養が必須です。

「李下に冠を正さず」とは、スモモの木の下で冠を直そうとして手を上げると、スモモを盗むように勘違いされるのでやめておこうという意味です。その前には「瓜田《かでん》に履《くつ》を納《い》れず」とあり、ウリの畑で履物を直そうとすると、手が下にいくのでウリを盗もうとしているように見えるという、その2つが対句になった有名な故事成語です。

　学生たちが故事成語をあまり知らないようでしたので、いっぺんに覚えて使いこなせるようにしようということで、お互いにクイズ形式にして出しあってもらいました。するとみんな、「これは知らない、これは知っている」と言ってすごく盛り上がり、何でもクイズにすれば楽しく学べることがわかりました。

　そこで今度は、それをイラストにしてみようと言ったら、ある学生が「株《くいぜ(かぶ)》を守る」などの故事成語を20くらい全部ウサギのイラストにしてつくってきてくれました。

「株を守る」というのは、切り株にぶつかって死んだウサギを獲た農夫が、またウサギを獲ようと切り株を見張って暮らしたという中国の故事から、融通が利かないことの例えとしていわれます。

人間ではなく、全部をウサギのキャラクターにすることで、その言葉自体にほのぼのとしたユーモア感覚が生まれます。全部をこの動物がやれば面白いとか、ミッキーマウスにするとか、うんこにするとか、それもユーモア・センスになっていきます。

自分なりにイラストをつけたり、使い方を工夫したりして、新しい語彙を集中的に仕入れておくと、ふとした瞬間に適切な語彙が出てきます。

また、「好きな男性、というか夫にしたい男性は『三国志』の関羽《かんう》です」という学生がいます。それだけで今の時代にという面白さがありますが、その学生は私がどんなお題を出しても『三国志』の関羽がらみで処理してくるという、すごい力技を持っています。

『三国志』といえば「三顧の礼」の故事が有名です。蜀《しょく》の劉備《りゅうび》が、諸葛孔明《しょかつこうめい》を軍師として迎え入れようと訪ねると留守だった。再び行ったらまた留守だったので三度目に行って、ようやく会うことができた。諸葛孔明も、年長者の劉備がそれほど礼を尽くして頼むのならばと軍師を引き受けたというのが、「三顧の礼」の故事です。彼女に「つきあってほしい」と言って断られて、もう一度言っても断られ、三度目でOKが出たという話を聞いたときに「三顧の礼だね」と言うと笑いが起きるでしょう。

ほかにも、諸葛孔明が、信頼していた部下の馬謖《ばしょく》を、指示を守れなかったために泣く泣く処刑したことから「泣いて馬謖を斬る」という故事成語があります。これは、チーム全体の規律を守るためには、中心プレイヤーであってもチームのルールに違反した選手は処分しなければいけないというときなどに使えます。

故事成語のいいところは、その言葉に成り立ちがあることです。

成り立ちを知っていると、似たような文脈で使えます。『三国志』にはそういう言葉にあふれていますので、語彙として仕入れておくのもいいでしょう。

『三国志』は日本でたいへん人気があり、横山光輝さんが長編漫画に描いたり、ゲームになったり、ファン同士は『三国志』ネタだけで笑えるジョークの世界を持っています。**有名な作品の細部というのは、知りたくなる**ところなので、故事を知らない人から「何なの、それ?」と言われても「『三国志』だよ」と言えば、「そうなんだ。一つ勉強になったよ」で、だいたい収まるということです。

05 面白いことをパッと言えるテクニック

● 聴衆を聞く気にさせるツカミ

「ツカミはOK」という言い方があります。

最初のツカミがうまくいったら、あとはふつうにやれば笑いが起きるということです。ダチョウ倶楽部があまりウケなかったときに言うギャグとして知られていますが、元々は故笑福亭笑瓶《しょうふくていしょうへい》さんのアドバイスで生まれたそうです。

錦鯉*のツカミは、長谷川雅紀さんが両手を2回前に出しながら「こ〜んに〜ちわ〜!」とバカでかい声で言うだけです。錦鯉は、ふつうのことをものすごく大きな声で言うと面白いということに気がついて、「こ〜んに〜ちわ〜!」だけで笑いがとれるようになりました。ちなみに、これも私は公認をいただいています。

また、星野源さんは「ワー、みなさんどうも。星野源です」みたいに言ってから曲

*錦鯉(お笑いコンビ)　長谷川雅紀《はせがわまさのり》(ボケ)1971年生まれ。北海道出身。渡辺隆《わたなべたかし》(ツッコミ)1978年生まれ。東京都出身。2012年結成。「M-1グランプリ2021」優勝。長谷川のつかみネタ「こ〜んに〜ちわ〜!」。

に入ります。そういう歌手はあまりいませんが、星野さんのツカミになっています。
また、美輪明宏さんのコンサートに行ったときのこと。美輪さんが「どうも白鳥玲子でございます」と言って会場全体が笑ったので、私も講演会で「ディーン・フジオカです」と言うことにしました（ディーンさんから公認済みです）。それで引かれる場合もありますが、気にしないことが大事です。引かれたなと思って、こちらも引いてしまうともうダメです。**引かれたということをいっさい気にせずにずうずうしくやる**のがポイントです。

私は小学生のとき、児童会選挙でもツカミが必要だと考えて、演台のマイクの前に行くとき、ちょっとずっこけるのを事前に袖で練習したくらいです。

最初の入り方を工夫するわけです。いちばんよくないのは「今、急に言われたので何も話すことを考えてなくてすみません」みたいに謝ったり、言い訳から始めることです。**堂々とスパッといくのがコツです。**照れたり、言い訳したり、もの怖じしたりせずに大きな声を出せるように練習しましょう。

最初にあまり極端にやりだすのも品がないので、そんなに面白くなくてもとりあえず高い声で元気よく「どうも〜！」と挨拶するだけでもいいわけです。

ツカミはマネをされやすいものがいいと思います。その人ごとに、これはある程度いけるなという鉄板のパターンをつくって、それをツカミにすることです。

スローガン的なワードをツカミに使うのもけっこう便利です。

明治大学には「前へ」というスローガンがあります。明治大学ラグビー部監督を長きにわたって務め、強豪に育てあげた北島忠治さんが唱えたスローガンです。

この「前へ」のスローガンはラグビー部だけでなく全学に浸透しており、ウケやすいということで、明治大学の男性トイレには「もう一歩前へ」というステッカーが貼ってあります。

「もう一歩前へお進みください」はよくありますが、「もう一歩前へ」というステッカーをつくった職員さんを私は「爆笑した」と絶賛しました。

そんなちょっとしたユーモアですが、トイレでのツカミはOKということです。

●「今、ここで」の持ちネタを用意する

話の枕として「今日は節分だから鬼にまつわる話をしましょう」といった時節に合

わせたネタがあるといいでしょう。

「節分といえば鬼ですが、桃太郎の鬼退治のお供にサルとキジと何かいましたよね」

「イヌですか。なぜ、その3つをお供にしたのかというと干支《えと》ですね。干支は方角も表し、鬼が出入りするという北東（丑《うし》と寅《とら》のあいだ）の方角を「鬼門《きもん》」といいます。そして反対側の南西（未《ひつじ》と申《さる》のあいだ）は「裏《うら》鬼門」と言って鬼の出入りを封じる方角とされます。このため桃太郎は裏鬼門にあたり、最初に出会ったサル（申）・キジ（酉）・イヌ（戌）をお供にしたということですね」

これを聞いた人は「へぇ」くらいは口元がゆるみます。

唐突に「桃太郎の話がありますね」で始めてもいいのですが、**話のきっかけ、笑いにつなげる文脈づくりが大事です。**

「今、ここで」の文脈ができていれば、話の流れが自然になり、説得力が出ます。

私の教え子が中学校の教師になって、歴史の授業中にボーッとしている生徒に対して「戦国時代なら死んでるぞ」と言ったそうです。ギャグとして非常にいいセンスです。「今は戦国時代を勉強している時間だから」ということで面白く、誰も傷つけません。「**○○だったら、○○だぞ**」と言うのも面白い表現の仕方だと思います。漫画

『ＳＬＡＭ ＤＵＮＫ』に似たギャグがあります。

●相手との共通体験をネタにする

「前にもそういうことがあったよね」のように相手との共通体験を踏まえて話をすると、「あぁ、そんなこともあったな」「あのときも同じ失敗をしたよね」「また同じことの繰り返しだね」などと笑いあえます。

笑いあう関係というのは上下関係がないほうがいい。だから同級生同士や会社の同期というのは、年齢差がないので気兼ねなく、共通体験が多いため笑いあいやすいですね。年上でプライドが高い人を前にすると緊張して話しにくいものです。

錦鯉の長谷川雅紀さんは五十代ですが、若手からも親しまれています。それは雅紀さんが、若手にいじられても大丈夫、怒り出さないという空気を出しているからです。ほかの人もからみやすい、そういう**気楽さが笑いには大事です。**

年齢差を超えて笑いあえる関係というのは本当にいいものです。たとえば麻雀仲間には年齢はあまり関係なく、うちの学生は雀荘に行って中年の人たちのなかにどんどん入れられて揉まれ、すごく練習になっていると言っていました。

そういう意味では、**上の立場の人こそ、率先して仲間的な感じで振る舞えるように練習する**のがいいと思います。

それは自分のプライドを少なめ（低め）に設定することです。砂糖少なめとかミルク少なめとか、ご飯少なめと同じで、自意識の目盛りをちょっと少なめに合わせていただく。

ただし、自分のなかで納得できるかできないかの一線はあると思いますので、譲れないところは譲れないでけっこうです。譲れないところが自分でわかっていれば、それ以外のところは譲れるわけです。こだわるところをはっきりさせておけば、ほかの人にもわかりやすく、それはそれで面白い笑いが出てきます。

●相手の言葉を拾うことで仲間意識を育てる

相手の言葉を拾ってあげるのは、**相手を大事にすることであり、コミュニケーションにおいて優れたテクニックです。**

就職などの面接で、面接官のほうが、被面接者の言葉を拾いながら話してあげると、だんだん話しやすくなってくるということがあります。

また、グループディスカッションでも、グループのほかの誰かの言葉を使ったり、話を引用したりすると場が和みやすいものです。

「先ほど、こんなことをおっしゃっていましたが、今のこれとつながるのではないでしょうか」というような話し方を、私が学生に指導したところ、集団面接を通過する確率が格段に上がりました。

相手の言葉を拾う練習はまず、**相手の話のなかのキーワードを繰り返し、ほかの人の話とつなぎあわせる**ことです。

キーワードとなる言葉をパッと拾って言うだけで場が和みます。相手がしゃべりすぎの場合には、繰り返すことで落ち着かせたり、あるいは相手が年上の場合には「そうそう、キミはよくわかってるね」みたいにノリがよくなって、効果的なケースも多いものです。

仲間内だけに通じる隠語や、その世界だけで使われる特殊な用語を「ジャーゴン」といいます。職業用語や、小学生には小学生の語彙があります。そこで共通の語彙を持つようにするには相手の言葉を拾って慣れていくことです。

相手の言葉を拾うだけで軽い笑いが起きます。なぜかというと、誰もが自己愛があり、自分の使っている言葉、語彙というものに馴染んでいます。そういうものを使うことで、お互いに同じ空気感を共有できて安心するということです。

● 面白さをつくりだすフリ＋オチ

お笑いの世界では「**こうなったら、こう落とす**」みたいなパターンを「テンドン」と呼びます。

先日もユーチューブで元AKB48の福留光帆さんが出ているお笑い番組を見ました。「こんな芸人は売れない」という大喜利のお題で、四千頭身*の都築拓紀さんと出演していて、福留さんが即座に「俺とか言わないでくださいよ」と言ったのです。「こんな芸人は売れない」に対して「俺とか言わないでくださいよ」と言うこと自体がじつは前フリになっています。

そして、福留さんが売れない芸人として挙げたのが「ファッションも笑いも中途半

*四千頭身（お笑いトリオ）　都築拓紀《つづきひろき》（ボケ）1977年生まれ。茨城県出身。後藤拓実《ごとうたくみ》（ツッコミ）1977年生まれ。岩手県出身。石橋遼大《いしばしりょうだい》（ボケ）1996年生まれ。東京都出身。2016年結成。「ワタナベお笑いNo.1決定戦2018・2021」準優勝。脱力系漫才。

端」。それで、都築さんが「それ、俺ぇ？」と叫ぶ。その声を聞いて「無駄に声が大きい」。そしたらまた「俺ぇ？」。「威勢だけはいい」と言って「俺ぇ？」。

これがテンドンです。

福留さんの「俺とか言わないでくださいよ」という前フリで瞬間的にできたお約束です。要するに、**あらかじめパターンになるフリをつくってあげる**ところが設定です。パターンができているから、振られたほうは、そのまま言えるわけです。**フリをつくって落とす**というのは、なかなか高度なテクニックですが、はまると大ウケします。

●三段オチのルールを守る

お笑いには、**何かポンポンと言って3つ目で落とす「三段オチ」**のパターンもよくあります。

欽ちゃんの「良い子悪い子普通の子」などもそうでした。狩野英孝さんの「ラーメン、つけ麺、僕イケメン！」も3つ目で落としています。

寄りかからせておいて、それを外すと、ずっこけます。それを「パターンにはめる」といいます。いきなり最初に変なものを見せても、ルール設定ができていないので面白さがない。最後の3つ目で意外性を出すというかたちは世界共通です。

『三匹の子ぶた』『三人の王子』『三つの願い』など童話でもよくあります。

3つ目がちゃんとしていたり、3つ目が変だったり、要するに最後に変わるということです。ハッピーエンドの話、最後に失敗して教訓的な話、どちらもできます。

ちょっと面白いネタがあったときには、前フリをポンポンと手短に言って、3つ目に出すのがいいということです。「3」を意識してみてください。

●オチの前にあわてない

緊張のあまり早口になって、そのまま流れでオチを言ってしまうと、聞いている人は笑うタイミングがつかめません。どうしても焦ってしまいますが、**ひと呼吸か半呼吸くらい「間《ま》」を置いてからオチを言うとドンと笑いが起きます。**

あわててオチを言ってしまうのは余裕のなさの表れです。一瞬の溜めが緊迫感となり、その反動でドンと笑いが起こるので、この「間」というものが非常に大事です。

笑いの「間」については、30ページで紹介した落語『火焔太鼓』などをお聞きになることをおすすめします。私は『五代目古今亭志ん生全集』のCDセットを持っており、それをMP3データにしていつでも聞けるようにしてあります。今はユーチューブでも聞けますが、『火焔太鼓』などを聞いていると、笑いの「間」というものがわかるようになり、最後のオチを焦らずに済むようになります。

ちょっと話は変わりますが、私は「はがきの名文コンクール」の審査員をしています。はがきの宛先は奈良県御所《ごせ》市にある「郵便名柄館」です。大正時代の1913年に築かれて昭和の1975年に役目を終え、2015年に開局当時の姿に復元された記念に御所市が始めたのが、このコンクールです。近くには、一言の願いであれば何でもかなえてくれる一言主神社《ひとことぬしじんじゃ》があり、そこへお願いのはがきを納めるという設定です。初代実行委員会代表の堺屋太一さんが亡くなられたため、今は五木寛之さんと村山由佳さん、私の3人で審査員をしています。毎年2万数千通、時には4万通近いはがきが届きます。

私は2024年度選考委員賞として9歳の男の子のはがきを選びました。

「タダよりこわい物はない」と、ママいつも言っています。
道で配るティッシュもショッピングモールのビンゴも、
タダのものはこわいからと言ってもらわないしやらせてくれません。
でもお兄ちゃんは、商店街のむ料じゅくに通っています。
来年からぼくにもそこに、通いなさいと、言われました。
ぼくは、今からこわくてたまりません。
お母さんおねがいします。
有料のじゅくにしてください。〔はがき原文〕

なんだか落語『まんじゅうこわい』みたいな感じでちょっと面白いですよね。

大賞は「お願い。今夜は寝かせて」というお母さん。
「今日はTVリモコンが冷蔵庫から出てきた」という具体例が面白いという審査員た

ちの評価で選ばれました。5歳・3歳・0歳の幼い子ども3人の子育ての苦労がしのばれる象徴的なエピソードです。

私は、その後のインタビューで「それについてどう思われますか」と聞かれたので、「そういえば、私の家ではビデオデッキに食パンが入っていました。形として子どもがちょうど入れたくなるんでしょうね」と言って、ちょっと笑いをとりました。

笑いのコツは、話を振られてから、しゃべることです。あえて「間」をあけて、聞かれて答える感じですね。焦って自分からしゃべるよりも、**誰かが振ってくれてポンと言ったほうが面白い**ものです。

『踊る！ さんま御殿!!』（日本テレビ系）では、さんまさんが必ず「どうでっか」と振ってくれるので、私は用意されている答えをポンと答えるのがいいと学習したわけです。

第6章

ビジネスに使える
ユーモア力

01 リーダーとしてのユーモア力

●日本の首相の言葉はなぜ響かないのか

アメリカの政治家と日本の政治家の大きな違いの一つは「笑い」だといわれます。
2003年にカリフォルニア州知事に立候補した俳優のアーノルド・シュワルツェネッガーさんは、聴衆の一人から生卵をぶつけられたとき、「あいつ（犯人）にはベーコンの貸しだ」と言って笑い飛ばしました。

ユーモア力があるリーダーは余裕がある感じがします。

とくに欧米では政治家のユーモアが注目されます。
毎年恒例でアメリカ大統領がコメディアンになる日があります。ホワイトハウスで取材する記者たちが主催する夕食会で30分間、面白いことを言って記者たちを笑わせつづけなければならないのです。

２０１１年に「オバマ大統領の出生地をめぐって疑惑がある」と共和党の大統領候補だったトランプさんが盛んに追及していた時期に行われた夕食会で、オバマ大統領は壇上に立つや、「疑惑に答えるため、初めて私の出生ビデオを公開することにした」と切り出しました。始まったのは、なんと映画『ライオン・キング』。王の息子シンバが生まれるシーン。会場は大爆笑、拍手が続いたそうです。

第3章で紹介したように、**リーダーと呼ばれる人たちには、とくに「メタ認知」によるユーモアが必要です。**自分自身のことを客観的に見て笑いに変える能力は、指導者にとって不可欠な能力と見なされています。

２０２４年春、訪米した日本の岸田文雄首相は、ホワイトハウスで開かれた公式晩餐会でジョークを織り交ぜて英語で行った乾杯の挨拶が称賛されました。

晩餐会には日米各界の著名人が招かれており、岸田首相は最初に「私はこれほど多くの著名なゲストに息を呑み、妻も主賓が誰なのか見分けるのは難しいと私に言いました。それで大統領の隣の席に案内されたときは安心しました」と言って会場の爆笑を誘い、最後は「Boldly Go!（人類未到の地へ果敢に旅立とう！）乾杯！」とアメリカのSFドラマ『スタートレック』*のセリフを引用し、日米の連携を強調してスピー

*『スタートレック』　アメリカで1966年より放映のＴＶドラマシリーズ『宇宙大作戦』を基に、映画、ＴＶアニメ、書籍などを制作。理想とする未来像を描きつつ、現実の社会問題を反映させている。ネット配信、ＤＶＤ等。

チを終えました。これはバイデン大統領からも「Good job!」と称賛を受けました。
また、翌日の米議会での演説でも、ニューヨークで暮らした小学生時代に見たアニメの話や大リーグの思い出を語り、米議員たちの心をつかんで15回もスタンディングオベーションを受けました。

帰国してからも岸田首相は「日本の国会では、これほどすてきな拍手を受けることはまずありません」と言って記者たちを沸かせました。

ではなぜ、岸田首相は、日本ではそこまで人気がなかったのでしょう。

在職中に多用したのは「丁寧な説明に全力を尽くす」という紋切り型のフレーズでした。印象的なフレーズの繰り返しはスピーチの説得力を高める効果がありますが、岸田首相は「説明する」と言いながら肝心の中身を伝える気がないふうに国民には見えました。

演説分析の第一人者である東《あずま》照二教授（米ユタ大学）は、**自らの経験を加え、聞き手の想像を刺激するストーリーを語れば、共感を得ることができる**と言います。実際、アメリカにはこうしたスピーチをする政治家が多いとのことです。

次の石破茂首相は経済関係者の会合で、自身の国会答弁について「何を言っているかわからないような言い方で、最初から結論を言わないといけないとお叱りをいただいている」と自嘲気味に語り、出席者の笑いを誘いました。また、石破首相はトランプ大統領との共同記者会見の場で、追加関税した場合の措置について問われ、『仮定の質問にはお答えしかねる』というのが日本の定番の国会答弁だ」と答え、笑いが起きました。

●ユーモアで緊張を解きほぐす

上に立つ人間にユーモア力があると、組織全体がリラックスして力を発揮しやすくなります。

では、周りの人が力を発揮しやすい環境をつくるユーモア力とは何か——。

雰囲気づくり、課題を浮き彫りにするなど、いろいろありますが、緊張を解きほぐすことがいちばん大事ではないでしょうか。

初対面の人同士の緊張を解きほぐすきっかけとしてアイスブレイクという手法があります。自己紹介をしたり、簡単なゲームをしたりすることで、会議を始めるときや場を仕切り直したいとき、疲れてきたときに使われます。

緊張を解きほぐすには、ユーモアを言って場を和ませるのが手軽です。リーダーの問いかけや口調は、あまり深刻な感じではなく、ちょっと笑えるものを入れるだけで周りの人の緊張がほぐれます。

「日本列島改造論」で知られる田中角栄《かくえい》首相が、その大胆な構想を垣間見せた〝三国峠演説〟を紹介しましょう。衆議院議員に初当選する前の28歳のときです。

「みなさーん、この新潟と群馬の境にある三国峠を切り崩してしまう。そうすれば、日本海の季節風は太平洋に抜けて、越後に雪は降らなくなる。みんなが大雪に苦しむことがなくなるのであります！　ナニ、切り崩した土は日本海に持っていく。埋め立てて佐渡を陸続きにしてしまえばいいのでありますッ」

角栄さんはその後、道路法の全面改正や道路・港湾・空港の特別会計法など多くの議員立法を成立させて54歳で首相の座に就き、戦後の日本のインフラ整備に正負両面にわたり、大きな影響を与えました。

角栄さんには人を動かす力がありました。その力を与えてくれたのは現場の人々であり、角栄さんが信念を持って語りかけたことで、現場もそれに応えて力が発揮されたといえるでしょう。人の心をつかむ天才でした。

田中角栄首相が誕生したとき、私は小学生でしたが、とくに記憶に残っているのはダミ声の「まぁそのー」という口癖です。私たちがよくモノマネをしていたように、日本中でマネをされていたでしょう。

こうした言葉は、自分の考えがうまくまとまらないときに発言権を持ちつづけるために発するもので「フィラー」と呼ばれます。面接試験で「えーっと」「あのー」などと言うと印象がよくありませんが、角栄さんの「まぁそのー」は国民に一生懸命に向きあう姿として好感が持たれていたのかもしれません。ギャグ・センスもそんなに上品ではありませんでしたが、昭和の時代にはウケていました。

リーダーには、周りの人をリラックスさせて力を引き出す役割があります。

●笑い話に変えて伝える

頭ごなしに叱ったり、堅苦しい雰囲気で注意すると空気が悪くなります。

私は、授業の始まりに学生の反応が悪い場合には「蝋人形館のみなさん、こんにちは」などと場が和むように工夫します。

しかし、思いのほかウケません。聖飢魔IIのデーモン小暮閣下が「おまえを蝋人形にしてやろうか」と絶叫する『蝋人形の館』という曲を知っている昔の人なら笑ったと思いますが、今は蝋人形館自体があまり知られていないのでしょう。

シラケてしまう危険性があるギャグですが、あからさまに「みなさん、反応が鈍いですね」「リアクションがないですね」と言うとどんどん雰囲気が悪くなってしまいます。「陰キャのみなさん、こんにちは」というリスキーなツカミは、けっこうウケてホッとしました。「冗談ですよ」という空気感をかもしだす言い方を大事にしています。

それは、笑いに包んで相手に受け入れられやすいようにするということです。**こちらが笑いで伝える努力をしていることが相手に伝われば、相手も言われたことに気づいてくれます。**

たとえば、教育実習に行く学生たちに不始末を起こさないように事前に注意喚起したいときにも、「何年も前、みんなの先輩に当たる人たちがこういうことをしてたいへんなことになっちゃって、なんとか収拾がついて今となっては笑える話ですが」というように、笑い話に変えて伝えています。

「学生が実習先で不始末をすると、私は菓子折を持って先方に謝りに行きます。その菓子折は予算に入っていますから、昔はよく謝りに行ったもんですから」なんて言うと、学生から軽く笑いが起きて、注意喚起が頭に残ります。

あるいは、「先方の心証が極端によくない場合には、やはり、とらやの羊羹が効く」みたいな話をします。

「最上の謝罪には、とらやの羊羹。とらやの羊羹は皇室御用達《ごようたし》という伝統がありますね。赤坂の東宮御所の前にあります。その威力を知ったことがありましてね。いざとなったら、とらやの羊羹を持って謝りに行くから大丈夫だよ」と言うと、みんな笑っています。さらにオチをつけてワンプッシュします。

「なぜ、とらやの羊羹がいいと思ったかというと、あるとき、テレビ局の方がとらやの羊羹を持って、私の自宅まで謝罪に来たことがあったのです。受け取ったら予想よりも重いものですから、謝られているこちらの頭までグッと下がっちゃう。お互いに頭を下げあい、いい雰囲気になるんですね。そうした威力が、とらやの羊羹にはあります」

笑いのなかで「先生が菓子折を持って謝ることにならないようにしよう」というメッセージが伝わるということです。

●失敗談を話すリーダーは信頼される

リーダーは自慢話がどうしても多くなります。

なぜなら、成功しているからこそリーダーになれているのですから、ふつうに話していても自然と自慢話になってしまいます。

仕方のない面もありますが、**自慢話をする場合には数秒**と決めましょう。時間をコントロールして自分のなかの折り合いをつけるのです。

私は学生に5秒以内を目安に自慢話の練習をさせています。より短ければ許されるということでパッと言って終わってもらいます。

自慢話を長く聞くのは耐えられないので、**長く話す場合には失敗談を入れる**といいでしょう。ただ、時代の流れとして自虐ネタは好まれないので、威張っていない感じで、かといってリーダーの資質を疑われないエピソードを選ぶようにすることです。

私も数多くの本を書いていると、著書のタイトル付けでも成功例・失敗例がいろいろあります。スピーチの一例としてやってみます。

「『声に出して読みたい日本語』はネーミングがすごくうまくいってシリーズで260万部売れた成功例ですけれども、これは草思社の編集部がつけてくれました。最初は私の持ち込み企画で『日本語暗唱テキスト』というタイトルだったのです。そのままだったら、たぶん、そこまで売れなかったと思います」

自分で「タイトルがすごくよかった」と言っても、それは編集部がつけてくれたタイトルですから自慢ではないわけです。

「一方、文藝春秋の『雑菌主義宣言！』では失敗しました。社会的な意味で無菌状態はよくないということで、雑菌（逆境）に強い、免疫力のある人間になろうという心の話だったのですが、『雑菌主義宣言！』というタイトルの勢いにのって『もやしもん』の作者に漫画まで借りたにもかかわらずイマイチだったという、まったく外した例です」

「また、PHP研究所の『ガツンと一発』シリーズで〝友だちなんか、いなくたっていいじゃないか〟ということで本を出そうとしたとき、子どもから友だちに相談することは必要だよと言われて、『そんな友だちなら、いなくたっていいじゃないか！』というタイトルにしました。これはなかなかいい解決案で成功したケースですけれども、同シリーズで『「好きです。」コクるかコクらないか、それが問題だ！』というタイトルは外した失敗例です。なぜかというと、有名なシェイクスピアの戯曲『ハムレット』の「To be or, not to be, that is the question.（日本語では〝生きるべきか死ぬべきか、それが問題だ〟などと訳されている）というセリフを下敷きにしたのですが、残念ながらそれが小学生には伝わらなかったのですね」

このように**具体例をいくつか挙げて成功例と失敗例を織り交ぜて話す**ことで、極端に自虐にもならないし、成功例もほかの人の力を借りての成功なので、感じのいい話し方になってくるということです。

●自分のジョークの実力を知る

出世していくと裸の王様になってしまうことがあります。

追従笑《ついしょう》いなのに、それがわからなくなってしまうということです。

外で苦労しているリーダーは、上に立てば立つほど、プレッシャーが大きくなるので孤独になっていく。取り巻きに褒めてもらいたい、笑ってもらいたいと、イエスマンだけを集めるようになり、追従笑いができる人だけが残る。取り巻きが笑ってくれることで、緊張感がほぐれて孤独が癒やされるのだと思います。それでホッとして世間とズレていくのでしょう。

取り巻きのなかでだけ盛り上がる「取り巻き笑い」と言ってもいいかもしれません。本当の笑いではなくても、空中ブランコのセーフティーネット（安全網）みたいなものので、それが安心感を与えることもあります。これは悲しいことですが、心を保つためにある程度効果があるため、すべてを否定することはできません。

出世するほど自分のジョークの効果が計りにくくなります。

そこで、**自分と利害関係のない、自分のことを偉いと思っていない人の前で武者修行としてジョークを言ってみる**というのが一つの有効な方法です。

いつものメンバーではないところで話してみたら、まったくウケない。己の真の実力を知ることができます。

02 ユーモアが印象を左右する

●陽気なコミュニケーションを心がける

私は授業で学生に、ピンポーンと玄関の呼び鈴を押すマネをして「どうも、こんにちは」という挨拶を練習してもらうことがあります。その様子は、私から見るとふつうです。ふつうというのは、初対面ではちょっと暗いなと感じてしまいます。

今の時代、セールスでいきなりどこかのお宅を訪問することはないと思いますが、ビジネスにおいて、さらに広く人間関係において、初対面の印象が大きく影響するからです。

初対面では、声のトーンを軽く明るくすることがポイントです。

そして、話し方をソフトにしていくのがコツになります。

緊張していると、話し方がハードで冷たい感じになります。そうすると、上から目線に思われたり、怒っているように見られてしまいます。上司が部下に命令するときでさえも、ハードにやると結果があまり思わしくない。そういう時代になりました。「声のトーンが相手の心を開かせる」という意識を持つと、第一印象がかなりよくなります。そのためには、まず〝体のほぐれ〟が大事です。そこで、もう少し軽く、スッとした感じで、さわやかさを出すために、手を上げたり、左右に振ったり、軽くジャンプをしたり、体操をしてもらってから、ピンポーンと例のパフォーマンスをしてもらうと、声のトーンが明るくなります。

今の時代、陽気に伝えたほうがいい気がします。

私は陰気か陽気かといわれれば、どちらかといえば落ち着きがなくて陽気な感じだと思います。今の学生は落ち着いていること自体はいいのですが、おとなしくて雰囲気が元気が足りない感じにもなりがちなので、落ち着きがあって、ちょっと陽気な雰囲気を出すといいのかもしれません。

陰気さは人を疲れさせます。ですから、あまり深刻になったり重くなったりするのを嫌う傾向にあり、**今は社会全体が軽やかさやスピード感を求めています。**軽やかさもまた、成熟の一要素になってきたように感じます。

「成熟」と言うと、ふつうは重みを増す感じがしますが、今の時代は軽やかな感じが求められています。漫画『ドラゴンボール』[*1]の亀仙人のようなイメージでしょうか。

亀仙人は、ふわっとして軽やかなキャラクターです。重たい甲羅を背負っているのに、それを感じさせない軽やかさ、そんな成熟の仕方がいいと思います。

年を追って陽気な人になっていくのが、場を明るくするためにも必要ではないかという提唱です。

ドイツの哲学者ニーチェは、著書『ツァラトゥストラかく語りき』のなかで「重さの霊から解き放たれて軽やかに生きろ」と言っています。私の勝手なイメージですが、男性は45歳くらいになると重さの霊みたいなものが背中にのしかかってくるのでしょうか、どうしても場を重くします。

陰気な方というのはあまり軽やかではないので、軽くジャンプするのがいいと思います。漫画『呪術廻戦』[*2]のように呪いを吹き飛ばす意味ではないですが、軽くジャンプすると体がほぐれ、暗さや重さから離れられます。

小学生はよく飛び跳ねています。子どものころを思い出して軽くジャンプすると、陽気さが出ると思います。

*1『ドラゴンボール』　鳥山明作漫画、集英社『週刊少年ジャンプ』1984～1995年連載。全42巻。ＳＦファンタジー漫画。ＴＶアニメ、アニメ映画、ゲーム等。日本アカデミー賞優秀アニメーション作品賞ほか。ネット配信、ＤＶＤ等。

あとは、表情です。表情が硬いとよくないので、**大きく深呼吸をして体内に新鮮な酸素を取りこむと表情がやわらかくなります。**顔のマッサージとともにやると表情がほぐれます。

●笑いあう関係性をつくる

話にユーモアを交えて、お互いに笑いあうと、結果としてうまくいきます。

とくにセールスは不思議なもので、商品の良し悪しもありますが、最終的には相手を信用して購入を決めます。不動産など、とりわけ大きな買い物になると、その後、瑕疵があるかもしれません。予想がつかないことが多いので、その人が信用できるかどうか、それが分かれ目になります。

一緒に笑いあった関係であれば信用したくなるという心理が働きますので、セールスにおいて一緒に笑えたら成功といえます。

笑いあう関係性をつくるという意味で、ユーモアはプラスに働きます。

ということで私は教え子に、就職の採用試験で面接官を笑わせることができたら、

*2 『呪術廻戦《じゅじゅつかいせん》』 芥見下々《あくたみげげ》作漫画、集英社『週刊少年ジャンプ』2018～2024年連載。全30巻。ダークファンタジー・バトル漫画。ＴＶアニメ、アニメ映画、ゲーム、小説、舞台にもなっている。ネット配信、ＤＶＤ等。

まずは成功だと言っています。それで採用試験に必ず通るという確証はありませんが、通っている学生は多数います。

かつて、「先生、必ず面接官を笑わせてきます！」と言って、実際に内定をとってきた女子学生がいました。

日本人は基本的に真面目な人が多いので、**真面目ベースで軽くジョークも言える**というバランスがいいと思います。

真面目な人が「ジョークを言えない」「ユーモアを発揮できない」と思うのは、自分でハードルを上げすぎているのです。そんなにハードルを上げなくてかまいません。

日本では、ずっとふざけている人を目の前にすると、なんだか浮ついていて不安になってくるので、**8割は真面目な雰囲気で2割くらい面白いことをポロッと言う**のがいいのではないでしょうか。

ユーモアというのは、根が真面目な人が大真面目に言うと、かえってそれが面白いみたいなところがあります。お笑い芸人とは違いますので、真面目な人がちょっとふざけた面白いことを言うだけで「そういうことを言う人なんだ」と、そのギャップに面白みを感じます。

ちょっと話がズレますが、私は健康にいいと聞いて毎食納豆にしたら具合が悪くなったことがあります。これを何かの拍子に言ったとき、意外にそんな一面もあるんだと驚かれました。ちょっとプライベートが覗けますよね。

このように、自分の背景を見せるのも効果的です。

「子どものころにこんなことがありましてね」のように言うと、社会的立場ではない、その人のパーソナリティが見えてきます。そんなことで相手を信用したくなるものです。そこに笑いがあれば、いちばんです。

●明るく自分を開示する

会社の名刺を出して「私はこういうものです」と言ったときに、相手は表の肩書きはだいたい知っているわけです。裏には英語が刷ってある場合が多いですが、私はあまり意味がないと思っています。

「この英語はどこで使うのですか」といつも聞くのですが、みんな笑って「いや、使うことはないです」と言います。日本に来ている外国の方も、電話番号やメールアドレスは英数字ですからわかります。社名や名前をアルファベット表記にしたかったら、表側に入れれば済みます。

そこで私は以前、名刺の裏に自分の好きなものを「チョコレート」など10個くらい書いていました。

すると当然の成り行きですが、チョコレートをいただくことが増えました。とはいえ、私は自分で買うときには高級チョコレートは買わないので、人からもらうときにはもっと高級感のあるものがいいなと思って、名刺を刷り直すときに「チョコ（ベルギー製）」と書いたのです。そうしましたら、ゴディバなどの高級チョコレートが集まるようになり、これはたいへん効果があったと思っています。冗談でもありますが、本当の話です。

名刺の裏に、自分の情報、たとえば趣味や好きなものなどを開示しておくと、相手との会話が弾みやすいので、私はあちらこちらでおすすめしています。広まっているかどうかわかりませんが、**営業職の方などはぜひ、とりわけ明るく自分を開示していきましょう。**

とくに、どんな人なのかわからない人から物を買うのはこわいものです。**今は個人**

情報がNGの時代です。それだけにパーソナルなエピソードがより効いてきます。

「こういうものです」と名刺を出したときに、ちょっと裏を見ていただき、「ガーデニングが趣味です」あるいは「スイーツの食べ歩きが趣味です」と書いてあると、話の糸口が見つかります。

誰でも面白いエピソードの1つや2つはたぶんあると思うので、自分の情報をオープンにするところから話のきっかけをつくって、それを笑いながら話すのです。

●ユーモアはアイデアを刺激する

会議でクリエイティブなアイデアを出すためにはブレインストーミングが有効です。ブレインストーミングとは、集団で自由に多くの意見を出しあうことで新たな発想を生み出す思考法です。

そのコツは、相手の意見を絶対に否定しないこと。**まさに脳をかき混ぜあう状態のほうがクリエイティブな案が出やすいので、ユーモア力の発揮どころです。**生真面目な意見だけより、バカバカしい意見が出るくらいがちょうどいい。

第3章で「ユーモアが喚起する発想力」として触れましたが、**ユーモア・センスがあると視野が広がります。**半分冗談でとりあえずさまざまな案を出してみると、笑いながら次の発想に行くところがあり、斬新なアイデアが生まれやすいということです。

ある病院で「ＭＲＩ検査の機械のなかが暗くてせまくてうるさい音がするので泣き出してしまう子どもが多いため、どんな工夫をしたら泣かなくなるだろうか」というテーマでアイデアを出してもらいました。

そのとき、誰かが「アメ玉をなかに入れておく」という案を言ったら、何を言ってもいいんだと、ほかの人も言いやすくなります。次は「チョコを入れておく」というように、とにかく乗っかっていくのです。なかで映像を見せてもいいし、お母さんの声が聞こえるようにしてもいい。アイデアが連携してどんどん出てきます。実際には、アトラクション風に飾りつけたそうです。ディズニーランドのジャングル探検や宇宙探検のようにすると子ども心には楽しいですよね。

何の進歩もないバカバカしさであっても乗っかっていく空気感が、良いアイデアを生みます。

会議では「こんな程度の例でいいですよ」という空気感をつくることが大事です。

とくにハードルを低くするリーダーの工夫が重要です。

私は大学の小さな会議で司会をすることがよくあります。行事について話しあっていたとき、ある行事を、みんな本音ではやめたいと思っていても、やらなければならないということで暗い雰囲気でした。そこで私は77ページでも述べたように、会議を明るく進めていくためにも、「いっそのこと、やめちゃえばどうですかね」と無茶なことを言ってみました。そうしたら「いや、それは無理ですよ」「じゃあ、とりあえず今年はやめてみる？」みたいな話になって、二度と復活しなかったという経験があります。

半分冗談で「ちょっと、こうやってみない？」と言っているのは、言い方でわかるはずです。そうすると、そのあとでアイデアが生まれやすいということです。

また、私は『にほんごであそぼ』の会議に20年以上出ています。そこでは何でも言える空気があり、アートディレクターの佐藤卓さんらと、くだらないアイデアを含め20も30も出して「ちっとも採用されないね」と言って、そのあとの飲み会に行ってもずっとアイデアを出すということをやってきました。そういうなかで私が口走った「美輪明宏さんに『今日の名文』を読んでもらう」という企画を当時のプロデューサーが採用してくれて、美輪さんに太陽のようなキャラクターの「みわサン」役として出てもらえるようになりました。

無駄だと思っても短いアイデアをたくさん言うのがいいのかなと思います。各会社の会議室に「論よりアイデア」を標語として額に入れて掲げてみてはいかがでしょう。というのも私は学生のころ、ディベート（討論）をして完膚なきまでに相手をやりこめることがいいことだと思っていた時期がありました。そうしたら友だちが少なくなりました。そうではなく、「論よりアイデア」ということでやっていくのがいいと思います。

第7章

晩年もユーモア力で楽しく生きる

01 笑いを忘れた中高年男性

●なぜ、おじさんは笑うのが下手なのか

ユーモア力を「受け手の技術」として見ると、じつは男性と女性とではものすごく差があります。

思春期の女子は〝箸が転んでもおかしいお年頃〟といわれますが、**女性はいくつになってもよく笑う一方、男性は中高年になるとなかなか笑わなくなります。**

私は講演会を年に何十回、これまで数百回もやっています。そこで女性５００人の場合はちょっとしたことでも全員がドッと笑ってくれますが、男性５００人がいっぺんに笑うことは滅多にありません。

私が「こんにちは、ディーン・フジオカです」と言っただけで、女性は笑ってくれます。ジョーク云々より、私の声が高いことだけで笑ってくれるのです。笑いが起こ

るとお互いに友好的な関係になり、もう何を言っても笑ってくれるという安心感を持って進めていけます。

ところが男性は、とくに中高年男性はなかなか笑ってくれません。

中高年男性500人を前にして、最初に私が「こんにちは、ディーン・フジオカです」と言ったとき、みんな笑わないわけです。これどうするのというくらいに会場の空気が重たい感じですが、私はそれを最後には爆笑に持っていくのを快感に思っていますから気にしません。

そこで私は、笑わないということがいかに問題かについて丁寧に説明します。

「ご覧のように、私はディーン・フジオカさんではありません。今笑えなかった方もいらっしゃると思いますけれども、これはジョークです。ジョークに笑えなかった方は、認知機能に問題があるか、あるいは私に敵意を持ってジョークを無視したかです。そういうことは無駄なのでやめましょう。ジョークとしてディーン・フジオカさんの名前を言うからには、私はちゃんと本人から公認をもらっているんですよ」と。

そして、**なぜ中高年男性は、こんなにも笑うのが下手になってしまったのか**ということを滔々《とうとう》と説くわけです。

「中学校に上がるくらいまでの思春期前の男子ですと、どんなことでも、あんなにものすごく感じよく笑ってくれていたのに〝どうしたんだい、中高年の男子たちよ〟ということです。この人たちは淀んでしまっただけなんですよ。『歌を忘れたカナリア』のように、笑いを忘れた中高年として、今ここにいるわけです」

文字にすると硬いですが、実際は笑顔で軽い冗談口調で話します。

そこで全員に立っていただき、軽くジャンプしたり、腕を上に伸ばして左右に振ったり、体操をしてもらいます。そのときに「あえてイテテッと声に出して言いながら、ストレッチしてくださいね」と言うのですが、500人いても3人くらいしか声を出しません。なので「みなさんにはちょっと人として大事なものが欠けています。それは、素直さというものです」と教えてあげます。そして、

「小学生は素直なので、ほぼ全員が大きな声でイテテッと言います。私は『にほんごであそぼ』の収録で地方の小学校へロケに行っているのでわかります。素直さがない人には成長がありません。みなさん、この1年間でどれだけ成長しましたか？　小学校6年生のころは1年間で身長なら約10センチも伸びます。みなさん、素直さを取り戻しましょう」

ということで、**体をほぐしていただくと、そのあとは笑いが起きやすくなります。**

つまり、**〝笑い〟は体と関係がある**ということです。

温泉に入ったり、お酒を飲むと体がほぐれる。だから、みんな温泉へ行ってお酒を飲んだりするわけです。そうすると、笑って楽しくなるからです。

中高年になっても、笑える体にしておくことが第一です。自分自身の身心も、相手の身心もほぐれていれば、ジョークのレベルに関係なく、笑うようになります。**笑いあうことで、新たな人間関係も結ばれます。**

●おじさんは最後の聖域

「おじさんは臭い」「おじさんは汚い」「おじさんはバカにしていい」――、どんな人でも、おじさんには何を言ってもいい。おじさんは無視してもいい。**今まで〝おじさん〟というものは、何をされてもすべてを甘んじて受け入れてくれる存在でした。**それはもう、子どもでも女子高生でもみんな知っている暗黙のルールだったのです。この風向きが変わった感じがします。

2024年は、**ついにハラスメントが〝おじさん〟に対しても成立するようになった**画期的な年として、おそらく笑いの歴史に記録されると思います。

私はそれまで、おじさんを〝最後の聖域〟と呼んでいました。パワハラ、セクハラ、マタハラ、モラハラ、さまざまなハラスメントがありますが、おじさんに対してだけは何を言っても許されるという空気がありました。

私が講座などで「だいたい45歳以上のおじさんは、ふつうにしていても不機嫌に見えますから気をつけましょう。おじさんは、生物としてはさほど役にも立ちませんし、どの世代からもだいたい人気がないですからね。人気があると思うのは全部勘違い。ですから、勘違いしないようにしましょうね」などと言うと、男性も女性もみんな笑います。

私自身還暦を過ぎていますので、おじさんどころではなく、孫もいるお爺さんです。もう何を言われても仕方がない立場です。何を言われようがハラスメントだなどとは思いません。2023年までは、そういう空気でした。

ところが2024年8月に風向きが変わりました。SNSに男性の体臭がイヤだという書き込みをして炎上した女性フリーアナウンサーが事務所から契約解除になったのです。世の中のために外で仕事をしてすぐにシャワーを浴びることができない人にみんながお世話になっているのに、それは失礼ではないかと、体臭のあるおじさんをかばう投稿が相次いだためです。

また、『news23』(ＴＢＳ系)でコメンテーターの女性が「自民党総裁選２０２４」のポスターを「おじさんの詰め合わせ」と言ったところ、ネットで炎上しました。

そのポスターには歴代総裁の顔が並び、女性がいませんでした。女性２人が立候補していたにもかかわらずです。

それに対し、「おじさんの詰め合わせ」と言ったのは「お菓子の詰め合わせ」のような一種のジョークだったと思うのですが、「人間に対して詰め合わせはないじゃないか」「今時、そういうことを言うセンスがわからない」「ジョークにしても面白くない」と総攻撃されました。

実際には、おじさんが文句を言っているわけではないかもしれません。それでも社会全体が、おじさんまでバカにしてはいけない空気になってきたということです。これは大きな社会変化です。

ついに、おじさんは最後の聖域ではなくなったと私は思いました。〝おじさんいじり〟もダメということになれば、おじさんの居場所がどんどんせまくなって、いったいどうしたらいいんだということです。

そのとき、空気階段*の鈴木モグラさんがラジオで「ちょっとおじさん怒りすぎよ」と独自のおじさん論を展開したのです。

「おじさんが弱くなってるんじゃないかなって、俺、それが心配。昔、おじさんってもっと強かったんじゃないの？　何か言われても動じないみたいな。もう一度ちょっとね、強いおじさんとは何かというものをね。おじさんとして強くあれ」

と投げかけると、「おじさんの耐性低くなったな」「おじさんだけでなく、おばさんもそうあるべきだし、そうありたい」などのコメントが寄せられました。

おじさんは、何をからかわれても、ごちゃごちゃ言わない。私としては、それがおじさんの社会での存在意義だと思うのです。

大して魅力もない、見栄えもよくない、臭くもなる、それは本当のことです。いろいろあるなかで、**揶揄されても平然と笑っている、度量のある存在として、我々おじさんたちを、これからも笑いのリソース（資源）として使っていただきたい**と思っています。おじさんは聖域でありつづけてほしいというのが私の願いです。

*空気階段（お笑いコンビ）　鈴木《すずき》モグラ（ボケ）1987年生まれ。千葉県出身。水川《みずかわ》かたまり（ツッコミ）1990年生まれ。岡山県出身。2012年結成。「キングオブコント2021」王者。ハッピーエンド・コント。

●ユーモアは成熟の最終形

ユーモアがある人というのは、心に余裕がある人です。

周囲には切羽詰まった状態に見えても、本人にはまだ余裕がある。ここでジョークが言えるのか。すごいな。今こんな状態でも余裕があるんだ。そういう**人間としての幅を示すものがユーモアである**と思います。

ユーモア力を磨くことによって現在の自分を受け入れ、心の余裕を習慣づけていくということでしょうか。楽しいことを言おう、周りを楽しませようとすることで、その場の空気をほぐしていく余裕ですね。

どんなときでも深刻な顔をしない。ユーモアを心がけることで自己肯定感が高まってきます。上機嫌だとユーモアが出やすいし、ユーモアがあると上機嫌になれます。

そこで「俺が、俺が」「私が、私が」とユーモアを競いあうのではなく、心にちょっとした隙間、遊びをつくって、みんなでユーモアを分かちあう空気感が大事です。

私の授業でも、芸人並みにたびたび笑えるようなことを言ってくれる学生がいます。そのちょっとしたユーモアを誰かがわかって、みんなが笑う。それだけで、周りの人と幸せな時間を持てる祝祭みたいなものですね。

私は「出会いのときを祝祭に」という標語を色紙などに書いています。

その幸せな時間をもたらしてくれる人に対して、笑って拍手して、「こんな面白いことをよく思いつくね」と褒めたたえる。こういう存在が、じつはユーモアの文化の向上のためにいちばん大事です。

最初に言いましたが、受け手のユーモア力というのはもっと評価されていい力です。誰かが言ったユーモアの価値をわからずに流してしまっている場合が多いような気がするのです。自分にはユーモアを言う力がなくても、称賛力をもってユーモアに変えることができます。まずは、ユーモア文化の担い手として、自らをとらえていただきたいと思います。

できれば次は、幸せな時間をもたらす人になることです。

日本では、あらゆる番組にお笑い芸人が出ています。テレビにこれだけ芸人が出ている国は珍しいと思います。それに対して批判的な人もいるかもしれませんが、その場の空気をパーッと明るくするからだと思うのです。そのパワーはすごくて、私は一緒に仕事をしていて、やはり一般社会にも笑いのパワーが必要だと思います。**笑いの**

パワーは、活力でもあり、何かを突破していく力になると思うからです。

第2章でも触れましたが、ユーモア力というのは勇者の持つ資質だと思います。暗い場面、堅苦しい場面でユーモアが言える。シラケたり、引かれることを恐れずに言える勇者です。

中国の孔子は「知（智）・仁・勇」を三徳としました。

知者は惑わず、仁者は憂えず、勇者は恐れず——。

ユーモアには、知性もあり、周りを和ませる真心もあり、そして勇気もあります。三徳を併せ持つのがユーモア力です。

そして私は、「知・仁・勇」だけでは堅苦しいので、そこに笑いが入ることで人として完成する、つまり、**人として成熟の最終形は笑いあうところにある**と考えています。

ユーモアがあれば、人生が豊かになります。

ですので、**年をとればとるほどプライドを減らしていく**ことを推奨します。

それは、自尊心や誇り、自負をなくせということではありません。定年退職などによって誇りや自負を失った人は元気をなくしてしまうところがあるので、「これは譲れない」というものは、むしろあったほうがいい。

「矜持《きょうじ》を持て」とよくいわれます。「矜」とは矛の柄を意味し、古代中国の兵士にとって矛を持つことは誇りでした。ここから矜持とは「誇りを持つ」「プライドを保つ」ことを表し、自分を抑制してコントロールする意味も含むようになりました。「矜持を持つ」とは、無駄なプライドを捨て、自分が譲れないものをハッキリさせることです。

老後の人生は、上下の意識といった無駄なプライドを捨てて仲間感覚を持ったほうがうまくいくと思います。そのほうが、笑いが起きやすいからです。

そのうえでのこだわりは個性として人間性に深みを増します。

02 晩年をユーモア力で楽しく生きる

● 老いてこそユーモアを

ユーモアはさまざまな場面で必要とされます。

これからは、人生経験に裏打ちされた知性的な笑いを追求していくのがいいと思います。面白いだけではなく、知性を感じさせるユーモアということです。ただのジョークならば知性・教養がなくても言えますが、ユーモアというのはある程度の知性・教養を必要とするものだと思うのです。

明治・大正時代くらいまでの人は『東海道中膝栗毛』や歌舞伎の演目をアレンジして笑いをとることを、ふつうにやっていました。今の時代で言えば、知性・教養の幅はもっと広がりますが、知性・教養を磨くことをユーモア力のベースに考えてもらうといいと思います。

ユーモアは知性・教養から生まれるため、年齢を重ねているほうが扱いやすいといえます。

●みんなが知っている教養をベースにする

知性・教養をベースにした笑いのコツは、本歌取りの精神です。

大学の授業で世界史の替え歌をつくってもらったときに、ミスター・チルドレンの『しるし』という曲の「ダーリンダーリン」の歌詞の部分を「レーニン、レーニン」や「スターリン、スターリン」に変えて歌った学生がいて、たいへんウケました。

このように替え歌にしたりすると、知性・教養を身につけるモチベーションが上がります。また、**「これを笑いに使ってやろう」と思って読むと古典でも苦になりません。**

『世界引用句事典』などを見ると、聖書やシェイクスピアからの引用が多くあります。聖書は比喩が巧みで、「豚に真珠」「目から鱗《うろこ》」「砂上の楼閣」「狭き門」など聖書がもとになった慣用句はたくさんあります。「人はパンのみにて生くるものにあらず」という聖書のフレーズは、知性・教養のある人のジョークのベースになっています。また、シェイクスピアの言葉もアレンジを利かせられる良さがあり、全世界でギャグやジョークとして使われています。

シェイクスピアの作品のなかでも『ロミオとジュリエット』はよく知られているので、隠れて交際しているカップルに「ロミオとジュリエットみたいだね」と言ったら、すぐに話が通じます。

しかし、厳しい借金の取り立てに「ベニスの商人のシャイロックかよ」、すぐキレる人に「リア王かよ」、悪に染まった女性に「マクベス夫人かよ」とツッコんだとき、相手が『ベニスの商人』や『リア王』『マクベス』を知らなかったらウケません。

スベっても知性的なユーモアは土台がしっかりしているため、言った人は損にはなりません。古典として意味があることが保証されているからです。

私としては、**反知性主義・反教養主義が進まないように、知性・教養をみんなに共有してほしい。そして知性的なユーモアを一人でもいいからやりつづけてほしい**ので、英米文学専攻の学生に「周りから多少浮いていると思われてもいいから、シェイクスピア・ジョークを広めてくれ」と指令を出しています。

それで学生が「やったら、完全に浮きました」と言ってきたら、「よくぞ、浮いてきた」と褒めてあげます。

そして、**知性あるユーモアが通じない場合には「ごめんね」と謝るかたちをとりながら相手に負い目を感じさせる**ことを推奨しています。

教養とかけ離れたユーモアは薄っぺらな感じがします。**みんなが知っている教養をベースにすれば、笑いはもっと豊かになります。**

今は情報社会といわれますが、本当に知識が豊富になっているかというと微妙なところがあります。ネット上に飛び交う雑多な知識よりも、ユーモア力のベースとなる「この30冊」「この50冊」みたいなものがあるとよい気がするのですが、全体主義みたいで気持ち悪いととらえられてしまうのは私の本意ではありません。

私は高校生時代に「新潮文庫の100冊」をほぼ読破しました。これは、新潮社が1976年に始めた夏のキャンペーンで、今も続いています。

選出される作品は毎年若干変わりますが、ドストエフスキーの『罪と罰』、ヘッセの『車輪の下』、モンゴメリの『赤毛のアン』、カフカの『変身』、カミュの『異邦人』、ヘミングウェイの『老人と海』、日本語の作品では夏目漱石の『こころ』、宮沢賢治の

『銀河鉄道の夜』、太宰治の『人間失格』、井伏鱒二の『黒い雨』などは定番となっています。

ぜひ、ユーモア力のベースとなる教養をみんなに共有してほしいものです。みんなが共有する教養が多ければ多いほど、ユーモアのアレンジが利きます。

一人だけが知っているのでは足りない。私は、みなさんに教養を増やしていただきたいということで、さまざまな書籍を書いています。本書でも「付録」として、ユーモア力に役立つ作品の一例を挙げています。こうしたものを参考にユーモア力を磨いてくださることを願っています。

付録

ユーモアのヒント

日本の文化には「おかしみ」が主流としてありました。おどけておかしみのあることを「諧謔《かいぎゃく》」といいます。諧謔は「ユーモア」の類義語です。

江戸時代前期、上方の人形浄瑠璃作者で俳諧師でもあった井原西鶴が出版した『好色一代男』は、それまでの仮名草子よりも娯楽性が強調され、「浮世草子」と呼ばれました。

江戸後期には、前述したように十返舎一九の滑稽本『東海道中膝栗毛』をはじめとする戯作文化がありました。プッと笑ってしまう「おかしみ」をちりばめ、戯《たわむ》れに作るという「かろみ」でチャレンジしています。

同時代に活躍した歌舞伎狂言作者の鶴屋南北は『東海道四谷怪談』を代表作として、文化文政時代の爛熟《らんじゅく》した町人文化を色濃く反映し、退廃と怪奇のなかに毒のある笑いを加味しています。作品によく棺桶が登場するので、「棺を持ちいたる狂言を見れば作者は南北なり」といわれるほどでした。

当時の浮世絵師、葛飾北斎が絵手本として刊行した『北斎漫画』は、すぐに人気となり、シリーズ化されて全15巻4000点を超える図版が収録されています。『冨嶽三十六景』と並ぶ代表作としてシーボルトによってヨーロッパに渡り、なかでもフランス印象派の芸術家たちにジャポニスムとして多大な影響を及ぼしました。

〝漫画〟とは「筆のおもむくままに描く」という意味で命名されたと伝わりますが、『北斎漫画』は今日の日本の漫画文化のさきがけといえます。

今や海外でも人気になっている日本の漫画文化の広がりを見ると、日本にはクリエイティブな笑いの素地があります。しかし、日本の漫画の笑いが絶対的なものというわけではありません。

まず前提として**諸外国で笑いの質は違います**。人を和ませるユーモアは、完全な調和を理想とする古典主義への抵抗からイギリスで発展したといわれています。アメリカではウィット（機転に富んだ笑い）、フランスではエスプリ（批評精神に富んだ笑い）が好まれます。風刺は批判・進歩が根底にあり、ユーモアとは異なります。

インド映画では、エンディングで出演者が踊ります。

漫画には少なからず笑いが要求されるわけですが、海外の漫画は風刺が多いのに対し、日本の漫画が世界のどの国においても人気なのは、歴史、スポーツ、友情、ナンセンスなどさまざまなジャンルの漫画があり、笑いに多様性があるからでしょう。

これだけ漫画文化が発展しているということは日本はたいへんな笑いの宝庫です。その根源は、**笑いを文化として早くから認め、成熟させてきた**ということです。

先ほどの十返舎一九や葛飾北斎は、辞世の句にも笑いを織りこんでいます。

「此《こ》の世をば どりゃお暇《いとま》に せん香の 煙とともに 灰さようなら」

十返舎一九は「お暇にせん（お暇しよう）」と線香をかけて、煙や灰も読みこんで、この世にきっぱりと別れを告げています。

「ひと魂《だま》でゆく気散《きさん》じや夏の原」

葛飾北斎は「死んだら人魂となって夏の野原に気晴らしにでも行くか」と詠んでいます。

辞世でもジョークを言う、この心意気が粋ですね。

■ユーモアに役立つ日本の古典

そこで、シェイクスピアに当たる日本の古典とは何か——。

まず、おすすめするのは歌舞伎や落語です。昔は「知らざぁ言って聞かせやしょう」と歌舞伎『弁天娘《べんてんむすめ》女《め》男白浪《おのしらなみ》』の弁天小僧菊之助のセリフのマネをするだけで簡単に笑いが起きました。「弁天小僧菊之助たぁ俺がことだぁ！」のところをアレンジして誰でも笑いがとれたものです。

落語なら「お寿司が苦手なんて『まんじゅうこわい』みたいだね」「『寿限無』みたいに運がよさそうな名前だね」のような話ができます。

このように、みんなが共有しているものといえば、**夏目漱石の『坊っちゃん』や『吾輩は猫である』**が挙げられます。教科書に掲載されているので、ほとんどの人が全編読んでいるはずだと思いきや、まだ読んだことがない人もいます。

とくに『坊っちゃん』はストーリーが簡単で面白い小説ですから、みなさんに音読していただきたい。うらなり君や赤シャツ、山嵐、なかなか曲者のマドンナなど、登場人物にはあだ名がついていますし、最後はちょっともの悲しいところもあります。

清《きよ》一人とっても面白い。坊っちゃんの赴任先の四国がどこかわからないのです。土産に何が欲しいと聞けば「越後の笹飴が食べたい」とまったく違う方向を言う。西の方だと言えば、「箱根の先ですか手前ですか」と言う。「随分もてあました」その一文で笑えます。また、生徒が坊っちゃんに言った「天麩羅四杯は過ぎるぞな、もし」だけで笑ったものです。

高校の教師になった私の教え子が、生徒に『坊っちゃん』を課題文として出したら、「『坊っちゃん』はもう飽きたぞな、もし」というメールが来たそうです。「もう飽きた」と言いながら「ぞな、もし」を使っているところが笑えます。このように、笑いに使えるのが『坊っちゃん』のいいところです。

『吾輩は猫である』も、第1章で紹介したように、知っていると滑稽小説がわかるようになります。

そこで、**芥川龍之介の『蜘蛛の糸』や太宰治の『走れメロス』**ならば、ほとんどの人が知っているでしょう。今は教科書に掲載されていませんが、**夏目漱石の『こころ』や中島敦の『山月記』**も、年長者ではわりと知っている人が多いので使えます。

かつて日本の文豪のユーモア作品はけっこう多くありました。

『斜陽』や『人間失格』で知られる太宰治は深刻な作家のようですが、『お伽草紙』などのパロディ作品も書いており、「新戯作派」「無頼派」といわれました。「無頼派」とは、坂口安吾の『堕落論』からイメージされた言葉です。安吾は戯作復古主義を提唱し、デビュー作『風博士』は笑えるナンセンス作品です。

芥川龍之介の『鼻』も面白い作品です。『今昔《こんじゃく》物語集』が元ネタです。鼻にコンプレックスを持っている和尚さんの深い話ですが、弟子のお坊さんが、和尚さんのあごの下まである長い鼻を茹でて踏んで短くするというのですから、イラストにしたらどうなるのかと想像すると笑ってしまいます。

古くは**「仁和寺の法師」という有名な笑い話が『徒然草』にあります。**

仁和寺といえば、京都にある、平安初期から法親王が代々住職を務め、「御室御所《おむろごしょ》」と呼ばれた由緒寺院です。その法師が念願の岩清水八幡宮へ参詣に行って、ふもとのお寺と神社だけお参りして帰ったあとで「みんな山へ登っていったが、あれは何なのか」という話や、宴会芸で足鼎《あしがなえ》（三本足の置物）をかぶったら抜けなくなってしまった話が、からかいの象徴として語られています。

私は小中学生のときには、**北杜夫の『船乗りクプクプの冒険』や『怪盗ジバコ』**を読んでいました。遠藤周作や田辺聖子にも軽妙なエッセイがあり、大好きでした。

遠藤周作は、キリスト教を主題とする純文学作家としての自らの姿を離れ、ぐうたらでなまけものの随筆作家として雅号「雲谷斎狐狸庵山人《うんこくさいこりあんさんじん》」を名乗り、ユーモアに富む**『狐狸庵閑話』シリーズ**を書いています。タイトルは、関西弁で「こりゃあかんわ（これはダメだな）」というシャレです。

田辺聖子は『新源氏物語』も書いていますが、非常にユーモア・センスがあり、『週刊文春』に連載していた**「カモカのおっちゃん」シリーズ**を、私は20代のころに爆笑しながら読んだ記憶があります。

漫画家・コラムニストの**辛酸なめこ**さんの作品にもよく笑わせてもらいました。ペンネーム「辛酸なめこ」からして面白いですよね。この名前でやっていこうという腹の据わり方が見事です。

また、奈良県出身のファンタジー・SF作家で、古事記に登場する登《と》美《み》長《なが》髄《すね》彦《ひこ》からペンネームにしたという**森見登美彦**さんも面白いものを書かれます。漫画やアニメ、舞台にもなっている『**有頂天家族**』（幻冬舎）は狸を主人公とする現代のおとぎ話ですし、『**新釈走れメロス 他四篇**』（祥伝社）は『走れメロス』『山月記』のほか、芥川龍之介の『藪の中』、坂口安吾の『桜の森の満開の下』、森鷗外の『百物語』の5編を、舞台を現代に置き換えて新釈した内容になっています。山本周五郎賞および２００７年本屋大賞第2位を受賞したベストセラー長編恋愛小説『**夜は短し歩けよ乙女**』（角川書店）も、古典文学や近代詩からの引用が多くあります。

古典作品は、アレンジするとまた、作家ごとに面白い新たなパロディ作品になっていき

ます。そういう知性ある作家の書いたクスッと笑える作品を、みなさん、もっと読まれるといいでしょう。笑えるエッセイやユーモア小説を書ける方というのは尊敬に値し、それだけで社会貢献度が高いと思っています。

教養をボケに使うのは難しいですが、「○○かよ」というツッコミは教養と相性がいい。うっとうしいウンチクを垂れるのではなく、ちょっと知っている有名なものの冒頭でいいのです。モテモテ男に対して「光源氏かよ」、「せまいところがいいって、千利休の茶室かよ」などと使うことができます。

「坊っちゃんかよ」「仁和寺の法師かよ」、そのくらいは大丈夫という線を狙っていくところにユーモア文化の進歩があります。ぜひ、「ツッコミ笑い」に教養を発揮してください。

以下は、ユーモアに使えそうなネタ集です。少ししか紹介できませんでしたが、ネットで「青空文庫」と検索すると、古典作品を自由に読んだり、朗読を聞いたりできます。また、巻末に記した拙著も、教養の引き出しを増やす手がかりになります。

ここまで読んでくださったあなたなら、これらを応用して絶妙なユーモアを披露できるはずです。ユーモア力を人生における最強の武器にしてください。

【日本の古典（引用）】

——『現代語訳　平家物語』尾崎士郎訳

第一巻　序詞（祇園精舎《ぎおんしょうじゃ》）

祇園精舎《ぎおんしょうじゃ》の鐘の声、諸行無常《しょぎょうむじょう》の響《ひび》きあり。娑羅双樹《しゃらそうじゅ》の花の色、盛者必衰《しょうじゃひっすい》の理《ことわり》をあらわす。おごれる人も久しからず、ただ春の夜《よ》の夢のごとし。猛《たけ》きものもついにはほろびぬ、偏《ひとえ》に風の前の塵《ちり》に同じ。

第九巻　宇治川先陣（抜粋）

大将軍九郎御曹司、川の岸に駒を進めると、逆巻いて流れる水の面を見渡していたが、家来の反応を見ようと思ったのか、

「すさまじい水勢じゃ、淀、一口《いもあらい》へ向うか、それとも河内路へ廻るべきか。また水の引く

のを待つべきか」

と尋ねかけた。武蔵国の住人畠山庄司次郎重忠《しげただ》、この時二十一歳であったが義経の前に進むと、

「この川のことは鎌倉でも度々うかがっておりました。前に知らなかった海や川が急に現れたのならともかく、この川の水源は琵琶湖にございますれば、ここで待ったとて水の引くことはございますまい。また取り外された橋板を誰かがかけてくれるものでもございませぬ。去る治承四年の合戦で足利又太郎忠綱が十七歳でこの川を渡りましたが、彼とて鬼神ではございませぬ。この重忠が瀬ぶみ仕りましょう」

という。この声と共に丹《たん》の党《とう》を主に凡そ五百騎が岸に轡《くつわ》を並べて今にも躍りこもうとした。と、その時平等院の東北の橘《たちばな》の小島が崎から武者二騎が激しく蹄の音を鳴らし、川を目指してまっしぐらに駆けよって来た。梶原と佐々木の二騎である。人目にはわからぬが、われこそは先陣、と二人の心の内は必死である。馬に鞭を当てる力もこもっていたが、梶原が六間ほど先へ走っていた。

少し後れた佐々木は梶原に声をかけた。

「梶原殿、この川は西国一の大河ですぞ、馬の腹帯が延びて見え申す、しめ給え」

といえば、梶原さもありなんと思ったか、手綱を馬の鬣《たてがみ》にかけ、左右の鐙《あぶみ》を強く踏んばって腹帯をしめ直した。その隙に佐々木さっと駆け抜け、そのまま宇治川の急流に馬を躍らせた。はかられた、と知った梶原もこれを追って川に乗り入れるや、

「佐々木殿、高名立てんと不覚取り給うな、水の底に大綱が張ってあろうぞ、心得給え」

と叫ぶと、佐々木は太刀を抜き放ち馬の足にからむ川底の大綱をふつふつ斬り払って進んだ。いかに宇治川早しといえども、乗る馬は日本一の名馬生食《いけずき》である。真一文字に川を渡ると対岸に打ちあがった。磨墨《するすみ》は川の中程から水勢のため斜めに流され、ずっと川下から岸に乗りつけた。

岸に躍りあがった佐々木は鐙を踏んばり生食の上に仁王立ちとなるや、天に轟《とどろ》くばかりの大音声をはりあげた。

「宇多天皇の九代の後胤、近江国の住人佐々木三郎秀義の四男、佐々木四郎高綱、宇治川の先陣！」

この名乗りにつづいて、畠山の五百余騎が、どっと川に乗り入れて渡りはじめた。対岸から山田次郎が狙いを定めて放つ矢が畠山重忠の馬の額を射ぬいた。畠山は馬から水に落ちたが、弓を杖にして立ち、岩にはねる水が兜に激しく当るのを物ともせず、水底をく

ぐって対岸に着いた。岸にのぼろうとすると、後から畠山をむずとおさえて離さぬ者がいる。

「誰か」

と怒鳴れば、

「重親《しげちか》です」

「大串《おおぐし》の重親か」

「そうです。余りの急流に馬を押し流し、力及ばぬまま取りつきました」

この重親は畠山の烏帽子子《えぼしご》であった。

「何時もお前のような奴は、この重忠に助けられるのじゃ」

というと、大串を掴んで岸に放り上げた。投げられた大串は立ち直ると、太刀を抜いて額に当て大声で叫んだ。

「武蔵国の住人大串次郎重親、宇治川の徒立《かちだち》の先陣」

これを聞いた敵味方も共にどっと笑った。

〔解説〕

『平家物語』は平家の栄華と没落を描いた軍記物で、鎌倉時代に成立したとされる。盲目の琵琶法師によって語られ、冒頭の「祇園精舎」は有名。「宇治川先陣」は、合戦を前にして「我こそは」といちいち名乗りを上げるところから面白い。そしてまた、溺れかけて岸に投げ上げられたヨレヨレの若造が「我こそが徒立の一番乗りだ」と名乗りを上げたのを聞いて敵味方関係なく全員が笑ったという、とんでもない明るさがある。このほか「那須与一」にも、源氏の弓の名手が扇の要を見事に射切ったときに、平家も源氏も「おお」と盛り上がった空気感が見事に描かれている。平家の若武者の首をとった熊谷直実のせつない場面も、能『敦盛《あつもり》』などになってよく知られている。

『徒然草《つれづれぐさ》』上巻

序段

つれづれなるまゝに、日くらし、硯にむかひて、心に移りゆくよしなし事を、そこはかとなく書きつくれば、あやしうこそものぐるほしけれ。

第52段

仁和寺《にんなじ》にある法師、年寄るまで石清水《いわしみず》を拝まざりければ、心うく覚えて、ある時思ひ立ちて、たゞひとり、徒歩《かち》より詣《もう》でけり。極楽寺《ごくらくじ》・高良《こうら》などを拝みて、かばかりと心得て帰りにけり。

さて、かたへの人にあひて、「年比《としごろ》思ひつること、果《はた》し侍《はべ》りぬ。聞きしにも過ぎて尊くこそおはしけれ。そも、参りたる人ごとに山へ登りしは、何事かありけん、ゆかしかりしかど、神へ参るこそ本意《ほい》なれと思ひて、山までは見ず」とぞ言ひける。

少しのことにも、先達《せんだち》はあらまほしき事なり。

第53段

これも仁和寺《にんなじ》の法師、童《わらわ》の法師にならんとする名残《なごり》とて、おのおのあそぶ事ありけるに、酔《え》ひて興《きょう》に入《い》る余り、傍《かたわら》なる足鼎《あしがなえ》を取りて、頭《かしら》に被《かず》きたれば、詰《つま》るやうにするを、鼻をおし平《ひら》めて顔をさし入れて、舞ひ出でたるに、満座興に入る事限りなし。

しばしかなでて後《のち》、抜かんとするに、大方抜かれず。酒宴ことさめて、いかゞはせんと惑ひけり。とかくすれば、頸《くび》の廻り欠けて、血垂り、たゞ腫《は》れに腫れみちて、息もつまりければ、打ち割らんとすれど、たやすく割れず、響きて堪へ難かりければ、かなはで、すべきやうなくて、三足《みつあし》なる角《つの》の上に帷子《かたびら》をうち掛けて、手をひき、杖をつかせて、京なる医師のがり率《い》て行きける、道すがら、人の怪しみ見る事限りなし。医師のもとにさし入りて、向ひゐたりけんありさま、さこそ異様なりけめ。物を言ふも、くゞもり声に響きて聞《きこ》えず。「かゝることは、文にも見えず、伝へたる教へもなし」と言へば、また、仁和寺へ帰りて、親しき者、老いたる母など、枕上《まくらがみ》に寄りゐて泣き悲しめども、聞くらんとも覚えず。

かゝるほどに、ある者の言ふやう、「たとひ耳鼻こそ切れ失《う》すとも、命ばかりはなどか生きざらん。たゞ、力を立てて引きに引き給《たま》へ」とて、藁《わら》のしべを廻りにさし入れて、かねを隔《へだ》てて、頸《くび》もちぎるばかり引きたるに、耳鼻欠けうげながら抜けにけり。からき命まうけて、久しく病《や》みゐたりけり。

〔解説〕
『徒然草』は鎌倉後期から南北朝期、吉田兼好によって書かれたとされる随筆。構成は平安時代の『枕草子』にならい、序段の冒頭「つれづれなるまゝに」の語が題名となっている。江戸時代に人生教訓の書として注目された。第52段は「少しのことにも案内者がほしいものだ」という教訓で終わり、第53段では「こんなことは医書にもないし、伝わる教えもない」と京の医師からさじを投げられ、権威ある仁和寺の法師を笑い飛ばしている。

――『女大学《おんなだいがく》評論』福澤諭吉〈抜粋〉

一　夫女子《それにょし》は成長して他人の家へ行き舅姑《しゅうとしゅうとめ》に仕《つか》ふるものなれば、男子《なんし》よりも親の教緩《ゆるがせ》にすべからず。父母寵愛して恣《ほしいまま》に育《そだ》てぬれば、夫《おっと》の家に行て心ず気随にて夫に疎《うとま》れ、又は舅の誨《おし》へ正《ただし》ければ堪がたく思ひ舅を恨誹《うらみそし》り、中悪敷《なかあしく》成て終には追出され恥をさらす。女子の父母、我訓《おしえ》なきことを謂《いわ》ずして舅夫の悪きことのみ思ふは誤なり。是皆女子の親の教なきゆゑなり。

（要約：女子は成長して、嫁に入り、夫とその親に仕えるのであるから幼少のころから過保護にしてはならない。）

（右に対する福澤の意見・編集部現代語訳）

成長して他人の家へ行くものは必ずしも女子に限らず、男子も女子と同様、総領（跡継ぎ）以下の次男三男は養子として他家に行くのが恒例である。人間世界の男女が同数であれば、成長して他人の家に行く者の数も正《まさ》しく同数と見てよい。あるいは男子は分家して一戸の主人となることがあるので女子とは異なると言われるかもしれないが、女子ばかり多く生まれた家では、そのうち一人を家に置いて婿養子をとって本家を相続させ、ほかの姉妹も同様に婿養子をとって分家することも世間には多い。そうであれば子に対して親の教えを緩《ゆるがせ》にすべからず（いい加減に聞くな）とは道理にかなった指示ではあるが、女子に限って男子よりもというのは受け取りがたい。（中略）ゆえに一章の文意は、美徳のようだが、とくに男子よりもと記して男女を区別するのは、女性への謀略であり、長年の恨みと言えるものである。

〔解説〕
福澤諭吉は、幕末から明治期の啓蒙思想家・教育家であり、慶應義塾の創設者。『学問のすゝめ』で知られる。明治維新後、欧米諸国の女性解放思想をいち早く日本に紹介し、江戸中期の女子教訓書『女大学』に対し『女大学評論』『新女大学』を著した。しかし、明治政府の富国強兵政策・家制度の強化のための良妻賢母思想の域を出ていないという批判もある。

―――『走れメロス』太宰《だざい》 治《おさむ》〈抜粋〉

「私だ、刑吏！　殺されるのは、私だ。メロスだ。彼を人質にした私は、ここにいる！」と、かすれた声で精一ぱいに叫びながら、ついに磔台に昇り、釣り上げられてゆく友の両足に、齧《かじ》りついた。群衆は、どよめいた。あっぱれ。ゆるせ、と口々にわめいた。セリヌンティウスの縄は、ほどかれたのである。

「セリヌンティウス。」メロスは眼に涙を浮べて言った。「私を殴れ。ちから一ぱいに頬を殴れ。私は、途中で一度、悪い夢を見た。君が若《も》し私を殴ってくれなかったら、私は君と抱擁する資格さえ無いのだ。殴れ。」

セリヌンティウスは、すべてを察した様子で首肯《うなず》き、刑場一ぱいに鳴り響くほど音高くメロスの右頬を殴った。殴ってから優しく微笑《ほほえ》み、

「メロス、私を殴れ。同じくらい音高く私の頬を殴れ。私はこの三日の間、たった一度だけ、ちらと君を疑った。生れて、はじめて君を疑った。君が私を殴ってくれなければ、私は君と抱擁できない。」

メロスは腕に唸《うな》りをつけてセリヌンティウスの頬を殴った。
「ありがとう、友よ。」二人同時に言い、ひしと抱き合い、それから嬉し泣きにおいおい声を放って泣いた。

〔解説〕
太宰治の『走れメロス』は1940年に発表された。太宰のオリジナルではなく、「古伝説と、シルレル（ドイツの詩人シラー）の詩から」と記されている。原典の理想的な揺るぎない友情物語に、太宰が、揺れるメロスの心理描写を書き加えたことで深みが増している。中学校教科書の定番として50年以上掲載されているのでよく知られている。

『山月記《さんげつき》』中島《なかじま》 敦《あつし》〈抜粋〉

己《おれ》は次第に世と離れ、人と遠ざかり、憤悶《ふんもん》と慙恚《ざんい》とによって益々己《ますますおのれ》の内なる臆病な自尊心を飼いふとらせる結果になった。人間は誰でも猛獣使であり、その猛獣に当るのが、各人の性情だという。己《おれ》の場合、この尊大な羞恥心が猛獣だった。虎だったのだ。これが己を損い、妻子を苦しめ、友人を傷つけ、果ては、己の外形をかくの如く、内心にふさわしいものに変えて了ったのだ。今思えば、全く、己は、己の有《も》っていた僅《わず》かばかりの才能を空費して了った訳だ。人生は何事をも為《な》さぬには余りに長いが、何事かを為すには余りに短いなどと口先ばかりの警句を弄《ろう》しながら、事実は、才能の不足を暴露《ばくろ》するかも知れないとの卑怯《ひきょう》な危惧《きぐ》と、刻苦を厭《いと》う怠惰とが己の凡《すべ》てだったのだ。己よりも遥かに乏しい才能でありながら、それを専一に磨いたがために、堂々たる詩家となった者が幾らでもいるのだ。虎と成り果てた今、己は漸《よう》やくそれに気が付いた。それを思うと、己は今も胸を灼《や》かれるような悔を感じる。己には最早人間としての生活は出来ない。たとえ、今、己が頭の中で、どんな優れた詩を作ったにしたところで、どういう手段で発表できよう。まして、己の頭は日毎《ひごと》に虎に近づいて行く。どうすればいいのだ。己の空費された過去は？　己は堪《たま》らなくなる。そういう時、己は、向うの山の頂の巖《いわ》に上り、空谷《くうこく》に向って吼《ほ》える。この胸を灼く悲しみを誰かに訴えたいのだ。己は昨夕も、彼処《あそこ》で月に向って咆《ほ》えた。誰かにこの苦しみが分って貰《もら》えないかと。しかし、獣どもは己の声を聞いて、唯《ただ》、懼《おそ》れ、ひれ伏すばかり。山も樹《き》も月も露も、一匹の虎が怒り狂って、哮《たけ》っているとしか考えない。天に躍り地に伏して嘆いても、誰一人己の気持を分ってくれる者はない。ちょうど、人間だった頃、己の傷つき易《やす》い内心を誰も理解してくれなかったように。己の毛皮の濡《ぬ》れたのは、夜露のためばかりではない。

〔解説〕
『山月記』は1942年に発表された中島敦のデビュー作。題名は、虎に変わった李徴《りちょう》が友人に己の臆病な自尊心が虎になった理由だろうと語った詩の一節。プライドが高く孤立化が進む現代、深刻な共感を感じさせる。

【齋藤孝著・教養の引き出しを増やすブックリスト】 順不同

『**50代からの「教養」格差**』青春新書　２０２５年
『**60歳から読み直したい名著70**』扶桑社新書　２０２４年
『**齋藤孝の名著50**』ワック　２０２２年
『**齋藤孝先生が選ぶ 高校生からの読書大全**』東京堂出版　２０２２年
『**一行でわかる名著**』朝日新書　２０２０年
『**1日1ページ、読むだけで身につく日本の教養３６５**』文響社　２０２０年
『**齋藤孝の音読de名著**』宝島社　２０１９年
『**文系のための理系読書術**』集英社文庫　２０１７年
『**読書のチカラ**』だいわ文庫　２０１５年
『**全方位読書案内**』ウェッジ　２０１４年
『**古典力**』岩波新書　２０１２年
『**読書力**』岩波新書　２００２年
『**齋藤孝のざっくり！西洋哲学**』祥伝社黄金文庫　２０１９年
『**齋藤孝のざっくり！美術史**』祥伝社黄金文庫　２０１９年

『**齋藤孝のざっくり！万葉集**』祥伝社黄金文庫　2019年
『**齋藤孝のざっくり！西洋思想**』祥伝社黄金文庫　2011年
『**齋藤孝のざっくり！世界史**』祥伝社黄金文庫　2011年
『**齋藤孝のざっくり！日本史**』祥伝社黄金文庫　2010年
『**声に出して読みたい志士の言葉**』草思社文庫　2023年
『**声に出して読みたい古事記**』草思社文庫　2023年
『**声に出して読みたい旧約聖書〈文語訳〉**』草思社文庫　2022年
『**声に出して読みたい新約聖書〈文語訳〉**』草思社文庫　2022年
『**声に出して読みたい禅の言葉**』草思社文庫　2022年
『**声に出して読みたい親鸞**』草思社文庫　2020年
『**声に出して読みたい論語**』草思社文庫　2016年
『**声に出して読みたい日本語 音読テキスト①平家物語**』草思社　2007年
『**声に出して読みたい日本語 音読テキスト②宮沢賢治**』草思社　2007年
『**声に出して読みたい日本語 音読テキスト③歎異抄**』草思社　2007年
『**理想の国語教科書**』文藝春秋　2002年
『**理想の国語教科書 赤版**』文藝春秋　2003年

齋藤 孝　さいとう・たかし

1960年静岡県生まれ。東京大学法学部卒業。同大学大学院教育学研究科博士課程を経て、現在は明治大学文学部教授。専門は教育学、身体論、コミュニケーション論。

主な受賞作品に宮沢賢治賞奨励賞を受賞した『宮沢賢治という身体』（世織書房）、新潮学芸賞を受賞した『身体感覚を取り戻す』（NHKブックス）、シリーズ260万部を記録し、毎日出版文化賞特別賞も受賞した『声に出して読みたい日本語』（草思社）などがある。『雑談力が上がる話し方』（ダイヤモンド社）、『不機嫌は罪である』（角川新書）、『「いいね!」を集めるワードセンス』（ちくま新書）など著書多数。NHK・Eテレ『にほんごであそぼ』の総合指導もつとめる。

ユーモア力《りょく》

現代社会《げんだいしゃかい》に絶対必要《ぜったいひつよう》な能力《のうりょく》の鍛《きた》え方《かた》・磨《みが》き方《かた》

2025年5月10日　初版第1刷発行

著　者　齋藤 孝
発行人　川崎深雪
発行所　株式会社山と溪谷社
〒101-0051
東京都千代田区神田神保町1丁目105番地
https://www.yamakei.co.jp/

●乱丁・落丁、及び内容に関するお問合せ先
山と溪谷社自動応答サービス　TEL.03-6744-1900
受付時間／11：00-16：00（土日、祝日を除く）
メールもご利用ください。
【乱丁・落丁】service@yamakei.co.jp
【内容】info@yamakei.co.jp
●書店・取次様からのご注文先
山と溪谷社受注センター
TEL.048-458-3455
FAX.048-421-0513
●書店・取次様からのご注文以外のお問合せ先
eigyo@yamakei.co.jp

印刷・製本　株式会社シナノ

©2025 Takashi Saito All rights reserved.
Printed in Japan
ISBN978-4-635-49075-7

出版プロデュース
中野健彦
（ブックリンケージ）
構成・編集協力
小松卓郎／小松幸枝
（小松事務所）
ブックデザイン
大塚さやか
DTP
ascent あせんと
校正
文字工房燦光
編集
佐々木惣（山と溪谷社）